TEXTE SCHREIBEN

Wir stellen uns vor!

In diesem Buch findest du die wichtigsten Themen, die in der ersten Klasse (im fünften Schuljahr) im Deutschunterricht besprochen werden. Wir üben besonders jene Bereiche intensiv mit dir, wo die meisten Fehler passieren.
Lernhilfe in Deutsch? Deutsch kann doch eh jeder! Aber leider nicht immer so, wie es in der Schule verlangt wird. Und sich richtig ausdrücken und alles richtig schreiben ist eben doch nicht so einfach. Daher wollen wir dir helfen über einige Klippen hinwegzukommen.

Den größten Teil nimmt die **Rechtschreibung** ein, und da wieder die Groß- und Kleinschreibung. In der **Grammatik** geben wir dir kurze Erklärungen zur Wiederholung, damit du dich auskennst, dann eine Übung dazu. Im Kapitel **Texte schreiben** findest du einige wenige Aufsatzgattungen, diese dafür gründlich. Was du dabei lernst, kannst du meist auf die anderen Aufsatzarten ebenso anwenden. Außerdem findest du zwischendurch **Stilübungen**, die dir beim Aufsatzschreiben helfen. Auf Seite 168 bieten wir dir noch ein **Stichwortverzeichnis.** Dort kannst du vor allem finden, wo ein Fachwort erklärt ist.

Übrigens: Wirf das Buch nicht nach der 1. Klasse weg. In Deutsch kann man nicht alles genau nach Klassen einordnen. Die Rechtschreibübungen kann man nicht oft genug wiederholen (außer man macht keine Fehler mehr), und die Aufsatzarten werden in der 2. Klasse sicher auch wieder kommen.

Wie kannst du mit dem Buch arbeiten?

Überlege vorher, welches Problem du hast. Dann suche dir aus dem **Inhaltsverzeichnis** das Kapitel, das du brauchst. Wenn du die Übungen vollständig gemacht hast, kannst du im **Lösungsheft** vergleichen. Aber Vorsicht! Nicht schwindeln und vorher nachschauen. Da wäre schade um die Zeit, die du mit dem Üben verbringst. (Das wäre ja gar kein richtiges Üben.) Arbeite selbstständig. Deine Eltern oder Freunde/Freundinnen brauchst du nur zum Kontrollieren oder manchmal zum Diktieren.

Am Ende eines Stoffgebietes gibt es manchmal eine **Abschlussübung** mit Punkteauswertung und Beurteilung. Diese Übung zeigt dir, ob du schon am Ziel bist oder noch eine Runde (Wiederholung) benötigst.

Die 7 **Ziffern** am linken Rand zeigen: Los geht's. Eine **Übung** ist angesagt.

Die ...PAUSE! sagt dir: Ruh dich aus, mach später/morgen weiter. Es ist sinnvoller, an mehreren Tagen 15–30 Minuten zu üben, statt an einem Tag alles machen zu wollen.

Tipp steht am linken Rand, wenn ein Hinweis „So kannst du dir das merken" oder „So geht's leichter" folgt.

Viele Übungen kannst du im Buch machen (mit Bleistift), du solltest aber auch ein **Übungsheft** anlegen.

Du lernst mit uns nicht nur Deutsch, sondern auch Lernen. Einen **Lerntypentest** und weitere **Lerntipps** findest du auf den grünen Buchseiten. Das kann manchmal mehr helfen als das Lernen für Deutsch selbst. Ein **Trainings-Jahres-Kalender** unterstützt dich dabei und managt deine Lerneinheiten. Auch zu Beginn der großen Kapitel **Rechtschreibung**, **Grammatik** und **Texte schreiben** findest du Anregungen zum Lernen.

Brauchst du Hilfe, was Notengebung, Prüfungen, Aufsteigen usw. betrifft? Ab Seite 165 öffnet sich dieses **„Hilfe-Fenster"**.

So, und jetzt ist es an der Zeit, dir **Familie Egg** vorzustellen. In Enzo und Emmy findest du möglicherweise Verbündete!? Verfolge am Anfang jedes Kapitels, welche Gefahren, Hinterlistigkeiten und sonstige Unannehmlichkeiten auf die Egg-Zwillinge lauern.

Emmy und Enzo und das Durchstarten-Team wünschen dir, dass du bald zum Höhenflug ansetzen kannst!

Eggs Familienchronik

Also da wären –
Boris „PAPS" Egg und **Betty „MOM" Egg,** beide dynamisch, berufstätig und natürlich erfolgreich – mehr oder weniger. Vor 10 Jahren wurde das Leben der Eggs ganz schön auf den Kopf gestellt – **Enzo** und **Emmy** tauchten geburtsmäßig auf im Doppelpack – Zwillinge also. Tja, nun hieß es sich ein bisschen umzustellen, aber: kein Problem für Paps und Mom Betty, weil dynamisch.
6 Jahre später kam es schon dicker – Schuleintritt der hoffnungsvollen Sprösslinge. Aber wer ein echter Egg ist, meistert die Grundschule mit links – äh mit dem Kopf.
4 Jahre später war dann aber endgültig Schluss mit lustig – Übertritt in die 1. Klasse und das wieder im Doppelpack.
Leider gibt es nun nicht immer ganz so gute Noten in Deutsch, man könnte hin und wieder sogar von ziemlichen Schwierigkeiten sprechen – also muss ein Nachhilfelehrer her, denken sich die leicht genervten Eltern: **Miss Minus** tritt in das Leben von Enzo und Emmy und macht ganz schön Stress. Außerdem dürfte Miss Minus einen oberpädagogischen Einflüsterer, einen **Ex-Direktor**, haben, Verschwörung pur.
Leicht haben sie es also nicht, unsere Zwillinge, aber Gott sei Dank gibt es ja Durchstarten ...

Vater Boris, jobbt in der Telekommunikationsbranche; Mitte dreißig
Mutter Betty, jobbt in einer Werbeagentur; drei Jahre jünger als Boris
Enzo und **Emmy Egg**, Zwillinge; 10 Jahre; Lernschwierigkeiten in Deutsch; bemühen sich grundsätzlich, den Lernstoff zu kapieren; stehen unter Leistungsdruck der Eltern, die es aber nur gut mit ihnen meinen ...
Mister Jones ist auch ein Egg, katzenmäßig! Als solcher spendet er Trost, weniger Rat und ist überall dort, wo sich Katzen vom Schlage eines Mister Jones so herumtreiben.
Miss Minus, Nachhilfelehrerin; verzopfte Pädagogin der alten Schule, obwohl jung an Jahren; Motto: „Nur ein Streber ist ein guter Mensch." Geprägt von ihrem Grundschuldirektor Fies.
Ex-Direktor Fies, pensionierter Grundschuldirektor; Lehrer von Miss Minus; hatte auch noch Enzo und Emmy in seiner Schule; voller Vorurteile: Alle Schüler sind Flaschen, Enzo und Emmy sowieso.

ZEITMANAGEMENT

Was für Manager gilt, gilt für dich schon lange. Zeit = Geld = Freizeit. Also gehört sie gut gemanagt.

TIPP 1 TRAININGS-JAHRES-KALENDER

Du findest ihn auf Seite 10; einfach ausfüllen. Er zeigt dir deinen Trainingsfortschritt, deinen Fleiß und plant deine Lerneinheiten.

TIPP 2 DEINE LEISTUNGSKURVE

Menschen haben zu unterschiedlichen Zeiten ihre Leistungshochs und Leistungstiefs. Wie die Durchschnitts-Tagesleistungskurve aussieht, zeigt dir die Illustration unten.
Zeichne nun mit einem Rotstift deine persönliche Tagesleistungskurve in die Illustration ein. Erledige die anstrengendsten Aufgaben in jenen Zeitbereichen, wo du am leistungsfähigsten bist.

TIPP 3 ZEIT- UND LERNPLAN

Du kannst ihn kostenlos von der Durchstarten-Homepage downloaden:
www.durchstarten.at/lerntipps
Der Planer hilft dir, deine *(Frei)*Zeit besser zu nutzen. Er enthält:

1 Termine *(Unterricht, Verabredungen, Freizeitaktivitäten …)*
2 Aufgaben *(Lernzeiten, Zeiten für Hausaufgaben, Einkaufen, Rasen mähen …)*
3 Kommunikation *(Menschen, mit denen du kommunizieren möchtest per SMS, Telefon, E-Mail …)*
4 Hausaufgaben *(aktuelle Hausaufgaben des Tages)*
5 Prüfungen *(geplante Lernzeiten, Lernstoff)*
6 Zusätzliches Lernen *(„Problemfächer")*

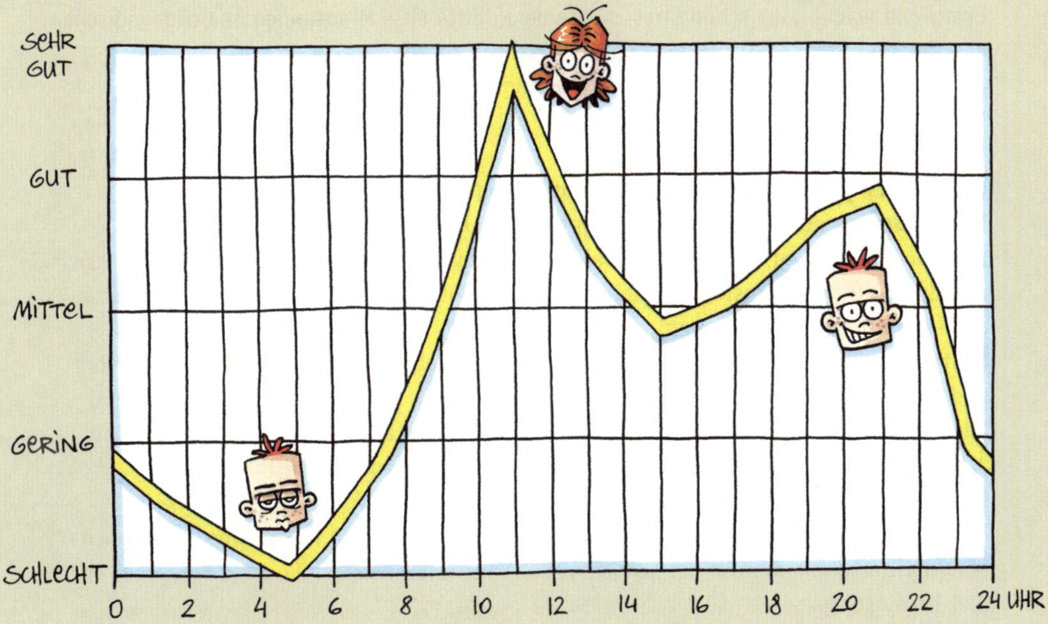

LERNTYPENTEST

Du nimmst deine Umgebung über fünf Sinne wahr:

1. sehend

2. hörend

3. fühlend

4. riechend

5. schmeckend

Auch beim Lernen sind diese Sinne beteiligt, insbesondere musst du dafür deine sehenden, hörenden und fühlenden Fähigkeiten einsetzen.

TESTVORBEREITUNG

- Finde eine Person, die dich testet = TESTER *(Freundin, Freund, Mutter, Vater …)*

Dieser TESTER muss nun Folgendes vorbereiten:

- 10 Gegenstände *(zum Sehen)*, die er versteckt bereit hält *(zB in Sack 1)*
- 10 DIN-A4-Blätter, auf die er jeweils einen Begriff *(zum Lesen)* groß und deutlich schreibt
- 10 weitere Begriffe *(zum Hören)*, die er auf einem Zettel versteckt notiert
- 10 Gegenstände *(zum Betasten)*, die er versteckt bereit hält *(zB in Sack 2)*. Diese Gegenstände müssen durch Betasten sofort erkennbar sein. Gegenstände und Begriffe dürfen sich dabei nicht wiederholen. Du als getestete Person musst auf den ersten Blick erkennen, worum es sich bei den Gegenständen bzw. Begriffen handelt.

TESTABLAUF

BETRACHTEN (visuell)

SCHRITT 1: Der TESTER zeigt dir aus Sack 1 die zehn Gegenstände im Abstand von 2 (!) Sekunden. Wichtig: Der gezeigte Gegenstand verschwindet wieder, ehe der nächste Gegenstand gezeigt wird.

SCHRITT 2: 30-Sekunden-Ablenkung: Der TESTER stellt dir einfache Rechenaufgaben (plus, minus, mal) mit Zahlen von 1 bis 10 (zB *8 plus 5, 9 minus 7, 3 mal 6 …*).

SCHRITT 3: Nun musst du die im Gedächtnis behaltenen Gegenstände aufzählen. Dafür hast du 60 Sekunden Zeit. Der TESTER schreibt die von dir genannten Begriffe in die TESTTABELLE auf Seite 9.

LESEN (visuell)

SCHRITT 1: Der TESTER zeigt dir nacheinander die DIN-A4-Blätter mit den Be-

griffen. Jeder Begriff bleibt 2 Sekunden sichtbar für dich.
SCHRITTE 2 und 3: wie oben

HÖREN (auditiv)

SCHRITT 1: Der TESTER liest dir im Abstand von 2 Sekunden die 10 Begriffe vom Zettel vor.
SCHRITTE 2 und 3: wie oben

FÜHLEN (kinästhetisch)

SCHRITT 1: Der TESTER verbindet dir die Augen. Er reicht dir nacheinander die Gegenstände aus Sack 2 zum Betasten. Du zeigst dem TESTER durch Nicken, dass du den Gegenstand erfühlt hast. Erst danach darf dir der TESTER den nächsten Gegenstand reichen. Dafür darfst du auch mehr als 2 Sekunden brauchen.
SCHRITTE 2 und 3: wie oben

TESTTABELLE

	BETRACHTEN	LESEN	HÖREN	FÜHLEN
1				
2				
3				
4				
5				
6				
7				
8				
9				
10				

Du erkennst nun, mit welchen deiner Wahrnehmungskanäle du Dinge besser behalten kannst. Hast du zB im hörenden Bereich besonders gute Ergebnisse erzielt, heißt das, dass du dir sehr gut merken kannst, was dein Lehrer erzählt. Wenn du aber besonders gute sehende Fähigkeiten hast, wirst du dich leichter an Tafelbilder, Folien, Skizzen etc. erinnern.

In der Schule sind überwiegend deine auditiven und visuellen Fähigkeiten gefragt. Auf den Seiten 62 und 71 findest du Tipps, wie du diese noch verbessern kannst.

Auch Durchstarten fördert die verschiedenen Wahrnehmungskanäle, indem die Übungen abwechslungsreich darauf abgestimmt sind.

TRAININGS-JAHRES-KALENDER

Trage hier die Nummern der Übungen ein, die du an einem Tag gemacht hast. Zum Beispiel

	September		
1	15	16	

heißt, dass du am 1. September die Übungen 15 und 16 gemacht hast.

	September	Oktober	November	Dezember	Jänner	Februar
1						
2						
3						
4						
5						
6						
7						
8						
9						
10						
11						
12						
13						
14						
15						
16						
17						
18						
19						
20						
21						
22						
23						
24						
25						
26						
27						
28						
29						
30						
31						

	März	April	Mai	Juni	Juli	August
1						
2						
3						
4						
5						
6						
7						
8						
9						
10						
11						
12						
13						
14						
15						
16						
17						
18						
19						
20						
21						
22						
23						
24						
25						
26						
27						
28						
29						
30						
31						

WIE ÜBE ICH RECHTSCHREIBEN?

- Beginne mit jenen Bereichen, in denen du die meisten Fehler machst. Ersuche deine Lehrperson, dich dabei zu beraten.
- Rechtschreiben lernst du nur durch viel Schreiben. Deshalb findest du zahlreiche Aufgaben, die du in dein Heft schreiben sollst.
- Übe an einem Tag nicht mehr als eine „Portion" von etwa 15–30 Minuten. Mache daher nach einem kleinen Übungsabschnitt eine Pause. Hol dir nach jedem Übungsabschnitt ein Glas Wasser!
- Verbessere immer genau mit Hilfe des Lösungsheftes und schreibe die falschen Wörter nochmals richtig.
- Du kannst alle Übungen nach einer gewissen Zeit wiederholen, wenn du noch immer unsicher bist.
- Zur Vermeidung von Konzentrationsfehlern hilft nicht stundenlanges Üben, sondern bessere Konzentration. Hier können dir vor allem gezielte Konzentrationsübungen helfen. Einige findest du in diesem Buch auf Seite 52.

1. KAPITEL

Groß- und Kleinschreibung

mailto:miss.minus@1.Klasse

VEREHRTE MISS MINUS!
WAS HABE ICH GESTERN ABEND ZUFÄLLIG GEHÖRT: SIE SIND DIE NEUE NACHHILFELEHRERIN DER EGG-ZWILLINGE? LIEBSTE MISS MINUS, AUSGERECHNET SIE? ICH ERINNERE MICH DARAN, WIE SIE BEI MIR DIE GRUNDSCHULBANK GEDRÜCKT HABEN (DIE ESELSBANK, WENN ICH NICHT IRRE). UND ICH ERINNERE MICH AN DEN ABSCHLUSSTEST IN DER VIERTEN SCHULSTUFE: EINE ECHTE RECHTSCHREIB-KATASTROPHE. SAGEN SIE ALSO: STIMMT ES WIRKLICH, DASS SIE LEHRERIN GEWORDEN SIND?

IHR EX-DIREKTOR FIES ☹

mailto:exdirex.fies@out.com

Lieber Herr Ex-Direktor!
Ich darf Sie beruhigen, ich bin nicht Lehrerin geworden. Will mir mit Nachhilfe nur ein wenig dazuverdienen. Hauptberuflich arbeite ich in der Rechtsabteilung einer Versicherung, dort habe ich viel mit Amtsdeutsch zu tun, aber Deutsch ist Deutsch, nicht? Also alles klar und im Griff. Habe übrigens schon meine alten Schulhefte herausgekramt. Die guten alten Methoden haben sich schließlich hunderte Jahre bewährt. Ich habe bereits eine Aufgabe für die Egg-Zwillinge. Sie sollen aus Ihrem Mail die Nomen herausfinden.

Mit freundlichen Grüßen, Ihre Ex-Schülerin Miss Minus
PS: Woher kennen Sie die Egg-Zwillinge? Und wie kommt mein ehemaliger Lehrer überhaupt zu meiner E-Mail-Adresse?

ERKLÄRUNG

Die Schreibung der Nomen

Regel: Alle Wörter, die uns den Namen eines Menschen, eines Tieres oder eines Dinges angeben, heißen **Nomen**.

Beispiele für Nomen sind:
Menschen: *Bruder, Freundin, Verkäufer, …*
Tiere: *Katze, Wurm, Elefant, …*
Naturereignisse: *Abend, Regen, Tag, …*
Dinge: *Auto, Kugel, Buch, …*
Nicht sichtbare Dinge: *Geist, Seele, Erfahrung, …*
Sinneseindrücke: *Lärm, Schmerz, Licht, …*
Gefühle: *Liebe, Angst, Trauer, …*
Zustände: *Ruhe, Friede, Kälte, …*
Handlungen: *Einkauf, Reinigung, Lauf, …*

Regel: Nomen schreibt man mit großem Anfangsbuchstaben.

1 ÜBUNG

Suche aus dem Mail von Ex-Direktor Fies alle Nomen heraus und unterstreiche diese. Kontrolliere mit dem Lösungsheft.
Alle erkannt? Bravo! Dann kannst du gleich mit Übung 5 fortsetzen!

2 ÜBUNG

Ordne die folgenden Nomen den oben angeführten Gruppen (Naturereignisse, Dinge, Zustände, ...) zu.

Beispiel: Kotflügel – *Ding*

Kotflügel	Freude	Bettler ....
Morgen	Friede	Atem ....
Löwe	Klang	Kampf ....

TIPP

Wie du Nomen über die Grammatik erkennen kannst, findest du im Grammatikteil, Seite 92.

ERKLÄRUNG

Nachsilben

Viele Nomen kannst du an bestimmten Nachsilben erkennen. Diese musst du dir gut einprägen:

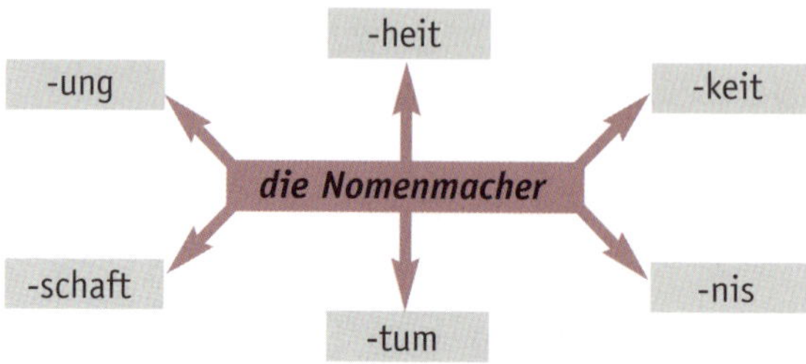

3 ÜBUNG

Worträder: Bilde mit jedem Grundwort, das auf den Kärtchen angegeben ist, und einer passenden Nachsilbe ein abgeleitetes Nomen. Schreibe es mit dem Artikel in dein Heft.

Beispiel: eigen – *das Eigentum;* freundlich – *die Freundlichkeit*

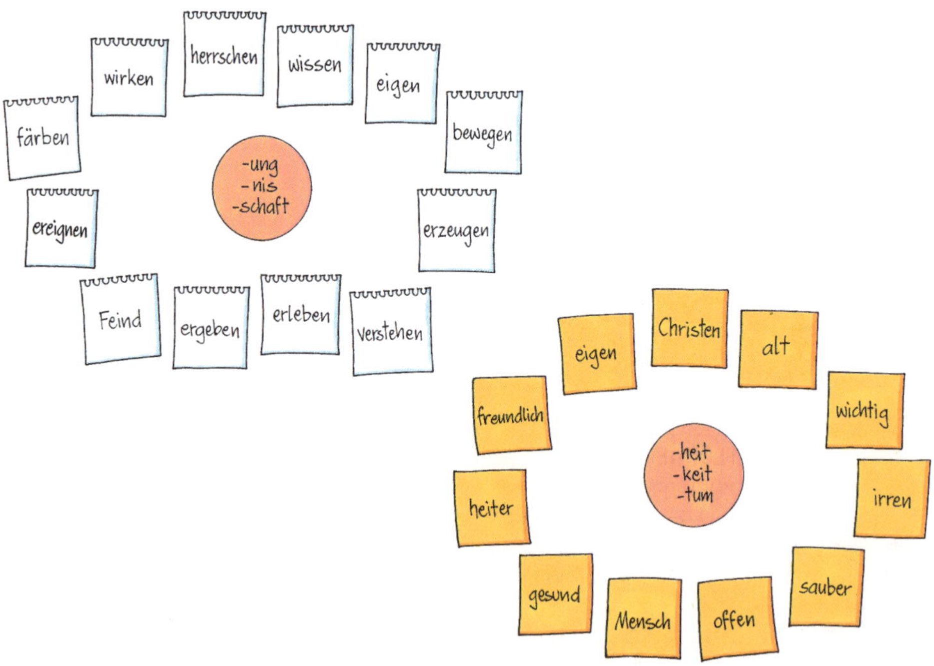

...PAUSE!

4 ÜBUNG

Unterstreiche in der folgenden Wortliste alle Nomen, schreib sie mit großen Anfangsbuchstaben auf.

BERG, STREIT, PLATT, DUMMHEIT, SCHWERMUT, WIRKEN, PLATTE, NETT, ÜBUNG, TRÜB, STÖHNEN, SCHONUNG, LIEBE, TRENNEN, VERKEHR, RICHTIG, WERTVOLL, ZUSCHAUEN, LOB, LOBEN, WOHNUNG, VIEL, ERFOLG, ERFOLGREICH, VERBESSERN, VERBESSERUNG

5 ÜBUNG

Kontrolliere deinen Lernerfolg.

Nun solltest du beim Erkennen der Nomen schon viel sicherer sein. Unterstreiche im folgenden Text zuerst alle Nomen. Übertrag dann den Text in der üblichen Groß- und Kleinschreibung in dein Heft:

WAS ALLES IN DEN DINGEN STECKT

IM TRAUM EIN RAUM,
IM SCHMAUS EINE MAUS,
IM MESSER DER ESSER,
IN DER FAHNE DER AHNE.

IM GEWICHT EIN WICHT,
IM KAFFEE DER AFFE,
IM SCHEIN DER HEIN,
UND DER HEINI IN DER BESCHEINIGUNG.

IM DICKICHT ICH,
IM KERKER ER,
IM SIEGER SIE,
IN DER WIRRNIS WIR.

IM GESTOPFTEN EIN TOPF,
IM GEFLOHNEN EIN FLOH,
IM GEKOCHTEN DER KOCH,
IM GEBRAUTEN DIE BRAUT.

(Aus: Franz Fühmann: Was alles in den Dingen steckt. In: Überall und neben dir. Gedichte für Kinder. Beltz & Gelberg, Weinheim und Basel)

...PAUSE!

ERKLÄRUNG

Die Schreibung der Verben

Was ein Verb ist, findest du im Grammatikteil (Seite 76) erklärt.

ERKLÄRUNG

Das Verb als Prädikat

Regel: Das Prädikat wird ***immer*** mit Verben gebildet.
Alle Teile des Prädikats sind daher Verben und werden ***kleingeschrieben.***

6 ÜBUNG

Unterstreiche im folgenden Text alle Prädikate (und zwar alle Teile der Prädikate) mit Farbstift und schreib den Text dann in der üblichen Groß- und Kleinschreibung ab.
(Beachte: für ß steht in der Großschreibung SS.)

DER LÖWENANTEIL
DER LÖWE UND DER ESEL GINGEN AUF DIE JAGD, UND DER LÖWE SETZTE SEINE STÄRKE, DER ESEL SEINE SCHNELLIGKEIT EIN. ALS SIE EINIGE TIERE ERLEGT HATTEN, TEILTE DER LÖWE DIE BEUTE IN DREI HAUFEN. „DEN", SPRACH ER, „WERDE ICH MIR NEHMEN ALS ERSTES UNTER DEN TIEREN, DENN ICH BIN IHR KÖNIG. DEN ZWEITEN HAUFEN ALS GLEICHBERECHTIGTER JAGD-KUMPAN, UND WAS DEN DRITTEN BETRIFFT, SO WIRD ER DIR GROSSES LEID BRINGEN, WENN DU DICH NICHT AUGENBLICKLICH DAVONMACHST."
(Nach Äsop)

Kontrolliere nun, ob du alle Verben und alle Teile der Prädikate richtig erkannt hast. Wenn du unsicher bist, arbeite das Kapitel Prädikat im Grammatikteil Seite 109 durch.

ERKLÄRUNG

Das Verb im Infinitiv (Nennform)

Infinitiv (Nennform) mit zu:
Das Verb tritt oft mit dem Wort *zu* auf.

Regel: Der Infinitiv (die Nennform) nach „zu“ wird kleingeschrieben.

Beispiele: Es ist verboten, das Strahlenlabor **zu betreten.** Die meisten Menschen sind heute nicht mehr gewohnt, lange Strecken zu Fuß **zu gehen.**

7 ÜBUNG

Was (noch) nicht möglich ist:

1. auf den Planeten Jupiter fliegen
2. im Schlafen ein Gedicht schreiben
3. sich mit Tablettenkost ernähren
4. das Wetter für den nächsten Monat genau voraussagen
5. Dinosaurier wieder zum Leben erwecken
6. einen Katzenhund züchten

Schreib so: *Es ist noch nicht möglich, auf den Planeten Jupiter zu fliegen.*
Es ist noch nicht möglich, im Schlafen …

8 ÜBUNG

Was gefährlich ist:

1. BEI GLATTEIS MIT DEM RAD FAHREN
2. BEI ROT ÜBER DIE STRASSE GEHEN
3. AUF DEM DÜRREN CHRISTBAUM EINE KERZE ANZÜNDEN
4. DIE LEITUNGEN BERÜHREN
5. VOM FAHRENDEN ZUG ABSPRINGEN
6. VORRANGREGELN NICHT BEACHTEN
7. OHNE SICHERUNG ÜBER EINEN GLETSCHER GEHEN.

Schreib so: *Es ist gefährlich, bei Glatteis mit dem Rad zu fahren.*
Es ist gefährlich, bei Rot …

ERKLÄRUNG

Der Infinitiv (die Nennform) als Nomen

Auf diesen Schildern wurden Verben großgeschrieben:

betreten ▶ Das ***Betreten*** der Kommandozentrale ist verboten
rauchen ▶ Das ***Rauchen*** ist untersagt.
verlassen ▶ Beim ***Verlassen*** Code eintippen.

TIPP

Der Infinitiv (die Nennform) eines Zeitwortes kann als Nomen verwendet werden und wird dann großgeschrieben.
Die zwei wichtigsten Kennzeichen für die Großschreibung eines Infinitivs sind:

1. der Artikel ***(das, des, dem; ein)*** steht davor;
2. ein so genanntes „Schmelzwort" steht davor:

am = an dem		*zum = zu dem*
beim = bei dem		*vom = von dem*
im = in dem		

9 ÜBUNG

Ergänze:

Beispiel: spielen	▶	das *Spielen*	vom *Spielen*
gehen	▶	das	im ....
telefonieren	▶	das	beim ....
trainieren	▶	das	zum ....
wiederholen	▶	das	zum ....

10 ÜBUNG

Bilde daraus Sätze nach folgendem Muster und schreib sie in dein Heft. Unterstreiche die als Nomen gebrauchten Verben.

Beispiel: Wir sehen das *Leuchten* der Schaufenster.
Das *Hämmern* der Pressluftbohrer dröhnt mir in den Ohren.
Wir hören ...

In einer Stadt ist viel los:

1. Schaufenster leuchten
2. eine Straßenbahn klingelt
3. eine Musikgruppe spielt
4. Sirenen heulen
5. Kinder lärmen am Spielplatz
6. ein Zeitungsverkäufer ruft
7. ein Pressluftbohrer hämmert
8. ein Klavier spielt

11 ÜBUNG

Setze das in Klammern angeführte Verb richtig in den Text ein:

1. Vater Egg liebt das .... (kochen).
2. Das .... des Schaltraumes ist gefährlich (betreten).
3. Emmy mag das .... in Abenteuerbüchern (schmökern).
4. Während des Unterrichts ist das .... mit dem Handy verboten (telefonieren).
5. Die Gefahren des .... darf man nicht unterschätzen (segeln).

12 ÜBUNG

Bilde mit den folgenden Verben ähnliche Sätze mit zum und unterstreiche zum und das Verb:

Beispiel: *Zum Bergsteigen* brauche ich gute Schuhe.

Was du zu bestimmten Tätigkeiten brauchst:

1. bohren
2. schreiben
3. kleben
4. joggen
5. vergrößern
6. nachschlagen

13 ÜBUNG

Bilde ähnliche Sätze mit folgenden Verben:

Beispiel: Ich bin gut *im Kopfrechnen. Im Rechtschreiben* bin ich dagegen nicht gut.

In welchen Tätigkeiten bist du gut beziehungsweise musst du noch dazulernen?

1. schwimmen
2. weitspringen
3. schreiben
4. singen
5. reiten
6. lesen

14 ÜBUNG

Bilde ähnliche Sätze nach dem folgenden Beispiel:

Beispiel: Anna – Zaun überklettern: *Anna berichtet den Kindern: „Ich habe mich beim Überklettern des Zaunes verletzt."*

Warum Kinder im Unfallkrankenhaus sind.

1. Helge – surfen
2. Elke – klettern
3. Doris – Straße überqueren
4. Max – Halfpipe durchfahren

TIPP

Du hast fleißig geübt. Lass mindestens einen Tag verstreichen, bevor du die folgende Lernkontrolle beginnst. So kannst du viel besser testen, ob du das Gelernte auch wirklich behalten hast.

ABSCHLUSSÜBUNG 1

Bearbeite den Text in folgenden Schritten:

- Lies ihn genau durch. Unterstreiche alle Nennformen.
- Schau, ob du davor ein Signal für die Großschreibung der Nennform findest. Unterstreiche dieses mit Farbe.
- Übertrag den Text zuletzt in die übliche Groß- und Kleinschreibung (beachte dabei: großes SS steht auch für ß) oder lass ihn dir diktieren!

DER MEISTERKOCH

VATER EGG LIEBT DAS KOCHEN. BEREITS DAS AUSWÄHLEN ORIGINELLER REZEPTE MACHT IHM GROSSEN SPASS. DANN GEHT ER EINKAUFEN. BEIM AUSSUCHEN DER WAREN ACHTET ER AUF GUTE QUALITÄT UND FRISCHE DER PRODUKTE. DANN NIMMT ER SICH VIEL ZEIT ZUM ZUBEREITEN DER SPEISEN. TIEFKÜHLWAREN VERWENDET ER SELTEN, AUCH WENN ES VIEL MÜHSAMER IST, FRISCHES GEMÜSE SELBST ZU SCHNEIDEN. BESONDERE MÜHE GIBT ER SICH AUCH BEIM WÜRZEN. SO IST ES KEIN WUNDER, DASS SEINE GERICHTE DER GANZEN FAMILIE BESONDERS GUT SCHMECKEN. JA, IN DEN AUGEN VON ENZO UND EMMY IST ER SOGAR EIN WAHRER MEISTERKOCH. DAHER IST ES VERSTÄNDLICH, DASS SICH DIE BEIDEN AB UND ZU AUCH SELBST ALS KÖCHE BETÄTIGEN. ABER VIEL LIEBER ALS JEDE EINLADUNG ZUM MITARBEITEN IST IHNEN IMMER NOCH DIE EINLADUNG, ZUM ESSEN ZU KOMMEN. **(130 Wörter)**

EIN VORSCHLAG FÜR DIE AUSWERTUNG DER ABSCHLUSSÜBUNG:

0–3 Fehler:	Bravo, du hast gut geübt!
4–7 Fehler:	Du bist positiv, aber noch ein bisschen Übung kann nicht schaden.
8 oder mehr Fehler:	Arbeite das Kapitel nach einigen Tagen Pause noch einmal durch!

Übungen zum Wiederholen – Vertiefen – (Ab)Sichern in **DURCHSTARTEN – DEIN ÜBUNGSBUCH.**

...PAUSE!!

ERKLÄRUNG

Die Schreibung der Adjektive

Was ein Adjektiv ist, findest du im Grammatikteil (Seite 101) erklärt.

ERKLÄRUNG

Das Adjektiv als Attribut (Beifügung)

eine **köstliche** Torte   der **spannendste** Film   eine **neue** Galaxie

TIPP

Das Adjektiv bestimmt meist ein Nomen näher.
Oft steht daher vor dem Adjektiv ein **Artikel**.
Der **Artikel** gehört aber nicht zum Adjektiv, sondern zum Nomen.
Daher wird das Adjektiv kleingeschrieben.

15 ÜBUNG

Setze das am Rand stehende Adjektiv (Eigenschaftswort) ein. Zeichne (wie in den Mustern oben) durch Bögen ein, zu welchem Wort der Artikel gehört.

Beispiel: köstlich ▶ Ein *köstlicher* Braten steht auf dem Tisch.

tief ▶ Siehst du die .... Schlucht?

ausgezeichnet ▶ Ida schrieb eine .... Arbeit.

neu ▶ Immer nach der .... Mode zu gehen kommt teuer.
Mutti, kauf mir bitte ein .... Buch!

beste ▶ Die Katze rührt selbst das .... Futter nicht an. Karl ist einer der .... Schüler seiner Klasse.

größte ▶ Eva ist der .... Spaßvogel der Klasse.
Wie groß ist wohl das .... Land der Welt?

ERKLÄRUNG

Nachsilben

Viele Adjektive werden mit bestimmten Endsilben gebildet:

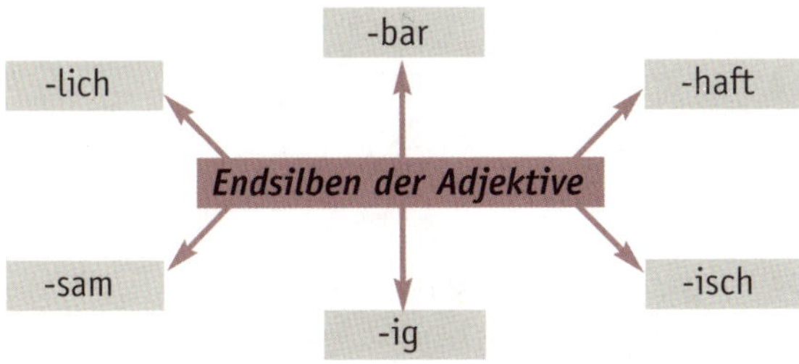

16 ÜBUNG

Bilde mit den angegebenen Wörtern und der Endung am Rand sinnvolle Ableitungen. Kreise die kleinen Anfangsbuchstaben der Adjektive (Eigenschaftswörter) farbig ein.

Beispiel: Leben + *-haft* ▶ lebhaft

1. Leben; Fabel; Zauber; Märchen; Sage + *-haft*

....

2. danken; Wunder, Furcht; abnehmen; zusammenlegen + *-bar*

....

3. Gemüt; erfreuen; Freund; froh; Grauen + *-lich*

....

4. Furcht; wachen; achten; selten; genügen + *-sam*

....

5. Gespenst; Maler; Regen; verschwenden; Kind + *-isch*

....

6. zittern; Ekel; Geduld; Macht; Bart + *-ig*

....

ERKLÄRUNG

Das Adjektiv als Nomen

In diesen Sätzen wurden die Eigenschaftswörter großgeschrieben. Warum?

das Beste — **das Neueste** vom Sport — **das Feinste** vom Feinen

TIPP

Das **Adjektiv** wird hier als Nomen verwendet. Der **Artikel** gehört zum Adjektiv selbst. Das zum Nomen gewordene Adjektiv wird großgeschrieben.

17 ÜBUNG

Setze das angegebene Adjektiv (Eigenschaftswort) ein und zeichne durch Bögen ein, zu welchem Wort der Artikel gehört.

Beispiel: neu ▶ Wir sollen uns immer für das *Neue* interessieren.

hoch ▶ Das Radio meldet für morgen ein ....

schön ▶ Das .... an dem Fest war die Musik.

neueste ▶ Sie sehen hier das .... auf dem Gebiet der Mobilfunktechnik.

teuer ▶ Das .... ist ihm nicht gut genug.

tüchtig ▶ „Dem .... gehört die Welt", sagt ein Sprichwort.

schnell ▶ Wer ist die .... von euch?

gut ▶ Wir sollen immer das .... tun.

Wir verwenden großgeschriebene Adjektive oft als allgemeine Bezeichnung für Personen:

18 ÜBUNG

Forme die Ausdrücke um und schreib sie ins Heft:

Beispiel: zwei taube Männer ▶ zwei *Taube*

ein fremder Mensch ▶ ein ....
die schlanken Menschen ▶ die ....
junge Menschen ▶ die ....
die ausländischen Menschen ▶ die ....
der blonde Bub ▶ der ....

Regel: Nach Wörtern wie zB ***etwas, allerlei, nichts, viel, manches, wenig, genug*** werden Adjektive großgeschrieben.

19 ÜBUNG

Wörter würfeln: Bastle aus Papier schnell zwei Würfel *(jede Seite 4 cm)* und beschrifte sie wie auf den Vorlagen. Würfle dann mit jedem ein Wort und verbinde die beiden Wörter zu einem kurzen Satz. Achte dabei auf die Großschreibung.

Beispiel: *Ich wusste etwas Besseres zu tun.*
Häufig steht wenig Wichtiges in der Zeitung.

	etwas		
nichts	viel	wenig	alles
	allerlei		

	BESSE-RE(S)		
BESON-DERE(S)	*NEUE(S)*	*WICHTI-GE(S)*	*ERFREU-LICHE(S)*
	LUSTI-GE(S)		

TIPP

Achtung! Nicht verwechseln:
Emmy will noch schnell **etwas schreiben.** ▶ Kleinschreibung, weil **schreiben** ein Zeitwort ist.

Etwas, nichts usw. kann auch vor anderen Wörtern stehen, nicht nur vor Adjektiven. Die Großschreib-Regel gilt aber nur für Adjektive. Daher wird das Wort **schreiben** kleingeschrieben.

TIPP

Kontrolliere die vorhergehenden Übungen 17, 18 und 19 mit Hilfe der Lösungen und verbessere die Fehler. Dabei musst du immer den ganzen Satz schreiben. Die Großschreibung kann man nur in ganzen Sätzen sinnvoll üben.

...PAUSE!

ABSCHLUSSÜBUNG 2

a) **Zeichne eine Tabelle für die drei Grundwortarten Nomen, Verb und Adjektiv in dein Heft. Schreib dann die Wörter richtig geordnet in der üblichen Groß- und Kleinschreibung ein.** *(Beachte: Infinitive kannst du zwar als Nomen verwenden, sie gehören aber zu den Verben.)*

HART, PROJEKTWOCHE, SELTSAM, HOCH, JOGGEN, FRIEDE, ERWARTUNG, STELLEN, LAG, FRÜH, SCHLENDERTE, SCHÖNHEIT, LÄSTIG, RUND, STIESS, LUST, VERLUST, LISTE, SETZTE, FEINER, GESTELLT, HEILSAM, WITZIG, REPARIEREN, MAUS, FUHR, NAGEL, FRIEREN, PREIS, GEBISSEN, FRÖHLICH, BEHARRLICH, VERACHTEN, TROST, STIEGE, ZUVERSICHTLICH

Nomen	Verben	Adjektive

Übungen zum Wiederholen – Vertiefen – (Ab)Sichern in DURCHSTARTEN – DEIN ÜBUNGSBUCH.

b) Schreib den Text in normaler Schreibweise ins Heft. Lass ihn dir wenn möglich von jemandem diktieren oder mache ein Laufdiktat (siehe TIPP am Ende der Seite).
Beachte: Bei den Großbuchstaben steht SS auch für ß.

DIE SCHNECKE

EINE SCHNECKE, DIE AN EINEM BAHNDAMM WOHNTE, ÄRGERTE SICH ALLE TAGE ÜBER EINEN SCHNELLZUG, DER BEIM VORBEISAUSEN SIE IN IHREM BEHAGLICHEN GESCHÄFT STÖRTE. „DAS WILL ICH IHM AUSTREIBEN!“, SAGTE DIE SCHNECKE ZU SICH SELBST, STELLTE SICH ZWISCHEN DEN GLEISEN AUF UND STRECKTE DROHEND IHRE FÜHLER AUS, ALS SIE DEN ZUG IN DER FERNE AUFTAUCHEN SAH. „NIEDERSTOSSEN WERD' ICH IHN!“, SAGTE SIE VOLL GRIMMIGEN MUTES. DER ZUG KAM HERAN UND BRAUSTE ÜBER DIE FEINDIN HINWEG. DIE SCHNECKE DREHTE SICH UM UND SAH DEM DAVONEILENDEN NACH. „ER HÄLT NICHT STAND“, SAGTE SIE VERÄCHTLICH, „ER REISST AUS, ER IST EIN FEIGLING.“ **(92 Wörter)**

(Aus: Paul Keller: Stille Straßen. Allgemeine Verlags-Gesellschaft, Berlin o.J.)

AUSWERTUNG:

0–3 Fehler: Du bist schon ein Groß- und Kleinschreibungsprofi! Wenn du **mehr als 7 Fehler** hast, musst du dich wohl noch zu den Amateuren zählen. Lass einige Zeit verstreichen, bevor du dieselben Übungen nochmals machst!

TIPP

Das Laufdiktat

Lege das Buch in ein benachbartes Zimmer. Merke dir den ersten Satz des Textes, dann lauf in dein Zimmer und schreib ihn auf. Nun gehst du wieder ins andere Zimmer, merkst dir den zweiten, schreibst ihn in deinem Zimmer auf und so weiter. Diese Methode kannst du auch bei vielen anderen Texten in diesem Buch anwenden.

ERKLÄRUNG

Die Schreibung der Pronomen

Zwei Patienten sitzen im Wartezimmer eines Psychiaters. ***Der eine*** *behauptet,* ***er*** *sei Napoleon. Darauf fragt* ***ihn der andere:*** *„Wer hat* ***dir*** *denn* ***das*** *gesagt?" – „Der liebe Gott höchstpersönlich!"* ***Der andere*** *erwidert ganz erstaunt: „Was soll* ***ich*** *gesagt haben?"*

Die Pronomen (Fürwörter) in diesem Text ersetzen einen anderen Ausdruck:

der eine, der andere	▶	der erste bzw. der zweite Patient
er	▶	der erste Patient
dir	▶	der zweite Patient

Näheres über die Fürwörter erfährst du im Grammatikteil dieses Buches (Seite 105).

Regel: Pronomen (Fürwörter) werden kleingeschrieben.
Merke dir besonders folgende: ***du, dir, dich, alle, jeder, keiner, niemand, manche, viele, einige, die anderen.***
Besonderheiten gibt es aber bei den Fürwörtern der höflichen Anrede.

ERKLÄRUNG

Die Pronomen der vertrauten Anrede

Die Fürwörter der vertrauten Anrede ***(du, dir, dich, euer, euch, ...)*** werden kleingeschrieben. In Briefen, Mails, Karten und ähnlichen persönlichen Mitteilungen dürfen sie auch großgeschrieben werden.

20

ÜBUNG

Manuel hat eine Ferienwoche bei seiner Tante verbracht. Wieder zurück schreibt er ihr ein Mail. **Setze die Anredefürwörter ein.**

To: inga.mair@pt.com
CC:
Betreff: Ferien
Liebe Tante Inga!
Danke für die herrlichen Tage, die ich bei .... auf dem Bauernhof verbringen durfte. Besonders aufregend war für mich, dass ich schon alleine kurze Strecken mit .... (euer) Traktor fahren durfte. Auch das Füttern .... Tiere macht mir Spaß. Zum Fußballspielen mit den Nachbarskindern ist auf .... Hof ebenfalls genügend Platz.
Ich freue mich schon jetzt auf die nächsten Ferien, in denen ich wieder zu .... kommen kann.

Liebe Grüße
Manuel

ERKLÄRUNG

Die Pronomen der höflichen Anrede

Regel: Wenn wir die Fürwörter der 3. Person Mehrzahl als **höfliche Anrede** benutzen, schreiben wir sie **immer** groß.
Sie, Ihnen; Ihr, Ihre, Ihrer, Ihren

21 ÜBUNG

Füge in den folgenden Dialog die passenden Fürwörter der höflichen Anrede ein.

mailto:exdirex.fies @out.com

Verehrter Herr Ex-Direktor!

In .... letzten Mail haben .... mich daran erinnert, dass ich in .... Schule die Eselsbank gedrückt habe. Ich sage ...., es ist wieder zum Verzweifeln. Mit .... Frage hatten .... nicht so Unrecht. Aber die Egg-Zwillinge würden auch .... zur Verzweiflung bringen!

Hilflosest, ... MM

mailto:miss.minus@1.Klasse

Verehrte MM, ich sehe noch keinen Grund für .... Verzweiflung, denn .... haben wohl die schwierigste Groß-/Kleinschreibregel noch gar nicht durchgenommen. Welche das sein soll, fragen .... ? Üben .... die höfliche Anrede. Ich wette mit ...., damit sind .... und die Zwillinge total überfordert. Wer soll denn diese jemals wirklich begreifen? Ich verstehe ja nicht, wozu die Menschen diese so genannte höfliche Anrede wirklich brauchen. Hören .... nur zu, wie sie miteinander umgehen!

Schlauest, ... Ex-Direktor Fies.

22 ÜBUNG

Tanja hat in ihre Bildgeschichte ein Streitgespräch zwischen Papa Schnurre und dem Friseurmeister eingebaut. Leider hat sie die Anredefürwörter nicht richtig geschrieben. **Streiche ihre Fehler mit Farbe an (es sind insgesamt 11) und schreib den Text dann richtig ab.**

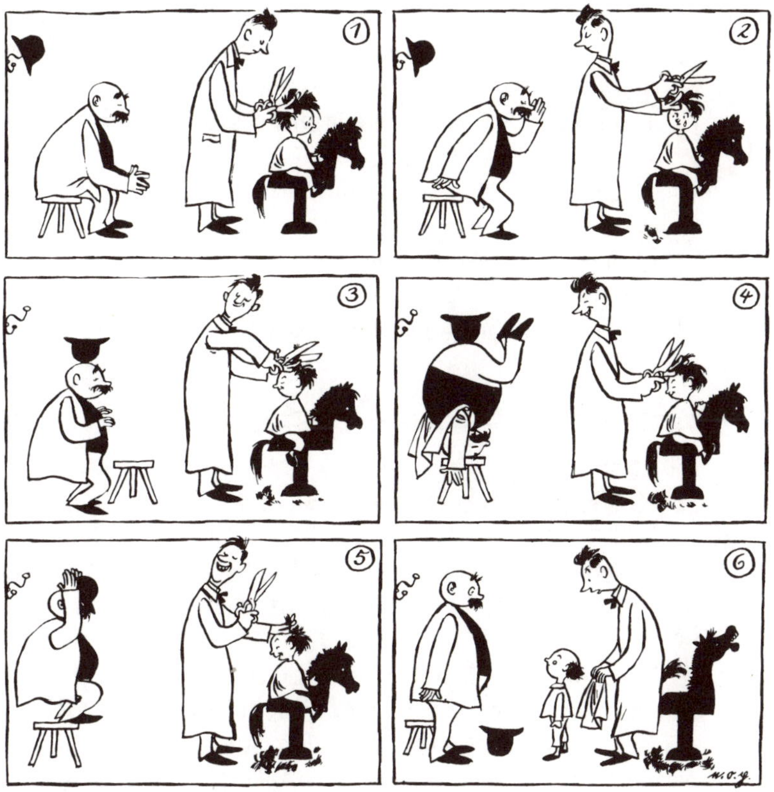

„Um Gottes Willen, was haben sie mit meinem Buben gemacht? Vorne haben sie ihm eine Glatze geschnitten und hinten sind seine Haare noch genauso lang wie vorher.“

„Daran sind nur sie schuld, Herr Schnurre, denn sie haben ihrem Buben Kunststücke vorgeführt. Dabei hat er sich wahrscheinlich zu ihnen umgedreht, und so ist das Missgeschick passiert.“

„Da hätten sie eben besser aufpassen müssen“, rief Vater Schnurre erbost. Darauf gab der Friseur kleinlaut zu: „Ich bitte sie um Entschuldigung und mache ihnen einen Vorschlag: Ich werde ihrem Sohn die Haare dreimal gratis schneiden.“

„Nein“, brüllte Schnurre, „zu ihnen komme ich nie mehr.“

23 ÜBUNG

Aus dem makaberen Witz sind verschiedene Pronomen herausgenommen. Füge sie richtig in den Text ein. Du musst Acht geben, welche als höfliche Anrede verwendet werden, denn diese musst du großschreiben.

Herr Biedermann kommt zur Besprechung .... Befundes zum Arzt. Sogleich sagt .... mit ernster Miene: „Ich habe eine gute und eine schlechte Nachricht für Sie." Darauf antwortet der Patient: „Herr Doktor, sagen .... mir bitte zuerst die gute." – „Herr Biedermann, ... haben noch 24 Stunden zu leben." – „Um Gottes Willen, Herr Doktor, Sie schockieren mich! Aber was ist nun .... schlechte Nachricht?" Darauf erwidert der Arzt: „Ihr Befund ist schon gestern gekommen."

SIE
DIESER
SEINES
IHRE
SIE

...PAUSE!

ABSCHLUSSÜBUNG 3

Du hast schon vieles über verschiedene Wortarten gehört. Nun ist es Zeit für eine Überprüfung deines Lernerfolges.

a) **Zeichne eine Tabelle ins Heft und ordne die im Text auf der nächsten Seite mit Blockbuchstaben geschriebenen Wörter nach Wortarten** *(gleichlautende Wörter nur einmal)*:

Verb	Nomen	Adjektiv	Artikel	Pronomen
hörst	*Feuer*	*trock(e)ne*	*das*	*du*

DAS FEUER
von James Krüss

HÖRST DU, wie die FLAMMEN FLÜSTERN,
Knicken, knacken, krachen, knistern,
Wie das Feuer rauscht und saust,
Brodelt, BRUTZELT, BRENNT und braust?

SIEHST DU, wie die Flammen lecken,
Züngeln und die ZUNGE BLECKEN,
Wie das Feuer tanzt und zuckt,
TROCKNE HÖLZER SCHLINGT und schluckt?

Riechst du, wie die Flammen rauchen,
Brenzlig, brutzlig, brandig schmauchen,
Wie DAS FEUER, ROT und SCHWARZ,
DUFTET, SCHMECKT nach PECH und HARZ?

FÜHLST DU, wie DIE FLAMMEN SCHWÄRMEN,
GLUT AUSHAUCHEN, WOHLIG WÄRMEN,
Wie DAS FEUER, FLACKRIG-WILD,
DICH in WARME WELLEN HÜLLT?

b) Schreib nun den Text in Normalschrift auf.
Kontrolliere ganz genau! Wenn du bei dieser Übung **nicht mehr als 3 Fehler** gemacht hast, kannst du Übung c) auslassen.

c) Mach dasselbe wie bei Übung a) und b).
(Fortsetzung des Gedichtes von James Krüss)

HÖRST DU, wie ES LEISER KNACKT?
SIEHST DU, wie ES MATTER FLACKT?
Riechst du, wie DER RAUCH VERZIEHT?
Fühlst du, wie DIE WÄRME FLIEHT?

KLEINER WIRD DER FEUERSBRAUS:
EIN LETZTES KNISTERN,
Ein feines Flüstern,
Ein schwaches Züngeln,
Ein dünnes Ringeln –
Aus.

(Aus: James Krüss: Der wohltemperierte Leierkasten. Mohn, Gütersloh 1961.)

Übungen zum Wiederholen – Vertiefen – (Ab)Sichern in DURCHSTARTEN – DEIN ÜBUNGSBUCH.

ARBEITSPLATZ

Arbeitsplatz und Lernumfeld haben einen großen Einfluss auf deinen Lernerfolg. Berücksichtige daher bei der Gestaltung deines Arbeitsplatzes folgende TIPPS:

TIPP 1 FÜHLE DICH WOHL!

Dein Lernplatz muss für dich eine angenehme Atmosphäre haben. Gestalte ihn daher selbst, du musst dich wohlfühlen. Dazu können zB angenehme Farben, Pflanzen, Bilder, ein Poster deiner Lieblingsband ... beitragen.

TIPP 2 SITZE BEQUEM!

Wer unbequem sitzt, kann sich nur schlecht konzentrieren. Daher darf beim Schreibtischstuhl auf keinen Fall gespart werden. Sitzhöhe und Rückenlehne sollten verstellbar sein, damit eine individuelle Sitzposition gefunden werden kann. Rückenschmerzen zu vermeiden.

TIPP 3 SORGE FÜR LICHT & SAUERSTOFF!

Lerne in einem hellen Raum, in den ausreichend natürliches Sonnenlicht hineinstrahlt. Dieses Licht sollte bei starker Sonneneinstrahlung aber weder blenden noch an deinem Arbeitsplatz starke Hitze entwickeln. Berücksichtige dies bei der Standortwahl deines Schreibtisches. Kümmere dich auch um eine Schreibtischlampe, die ausreichend Licht spendet, aber nicht blendet.

Das Gehirn braucht Sauerstoff zum Denken. Fehlender Sauerstoff lässt dich ermüden. Öffne daher immer wieder dein Fenster. Pflanzen produzieren auch Sauerstoff!

TIPP 4 VERLIERE NICHT DIE ÜBERSICHT!

Sorge dafür, dass du jederzeit die absolute Übersicht hast und keine Zeit mit unnötigen Suchvorgängen vergeudest. Ein aufgeräumter Schreibtisch macht zwar Sinn, aber Sachen wegzuräumen, die du am nächsten Tag wieder benötigst, ist Zeitverschwendung.

TIPP 5 VERMEIDE STÖRUNGEN VON AUSSEN!

Störungen hindern dich am konzentrierten Lernen, beseitige daher:

- akustische Störungen (Lärm oder Geräusche in der Wohnung; Leute, die dich an deinem Arbeitsplatz stören; Lärm von draußen)
- klimatische Störungen (zu warm, zu kalt; zu trockene oder zu feuchte Luft)
- Geruchsstörungen (Küchenduft; Haustiere; ungelüftetes Zimmer)

TIPP 6 SCHAFFE DREI ARBEITSBEREICHE!

1 Kreativbereich: eine gemütliche Ecke für Ideen und Konzepte
2 Umsetzungsbereich: der Schreibtisch
3 Kontrollbereich, wo du alles noch einmal in aller Ruhe durchlesen kannst; frei gestaltbar

2. KAPITEL

Konsonantenverdoppelung

mailto:miss.minus@1.Klasse

Liebste Miss Minus,
Ich ahne bereits, Sie werden meine Hilfe brauchen. Sie haben richtig geratten, ich kenne die Egg-Zwillinge nur zu gut. Hatte sie beide im letzten Schuljahr vor meinem Ruhestand. Habe der feinen Madame Egg am letzten Schultag auch gleich die Meinung gesagt: Ihre Kinder, hab ich gesagt, sind in Deutsch absolute Nietten, und übrigens nicht nur in Deutsch. Hab ihr geraten, ihre beiden in die nächstbeste Baumschulle zu schicken. Und jetzt machen ausgerechnet die auf Schule? Stecken sicher die Eltern Egg dahinter. Wil weten, dass die Guten mehr Vertrauen in ihre verzogenen Kinder haben als in uns Pädagogen. Die wird jedenfals noch ihre blauen Wunder erlebben.
PS: Könten wir die Sache mit Ihrer E-Mail-Adresse nicht bei einer guten Tasse Kaffee besprechen?

Ihr ergebener Ex-Direktor Fies ☹

mailto:exdirex.fies@out.com

Verehrter Herr Ex-Direktor!
Den Kaffee müssen wir verschieben. Für private Vergnügungen habe ich zur Zeit wirklich keine Zeit. Doch Ihre Ratschläge sind mir selbstverständlich herzlich willkommen. Da hätte ich übrigens schon mal eine Frage: In den guten alten Heften meiner Schulzeit finde ich auf einer der ersten Seiten ihren Klassenhassersong – können Sie sich noch erinnern:

Ach, wie ich meine Klasse hasse!
Ich seh in ihr nur Affen gaffen,
die die leichtesten HÜs nicht schaffen.
Die einen in den Sesseln pennen
Die andren wirr im Kreis 'rumrennen
Und dritte jeden Tag zusammenstecken
und einen Plan gegen mich aushecken
Fragt mich doch unlängst einer,
so ein dicker, neunmalkluger Kleiner
Wieso ich meinen Job nicht einfach lasse!
Ach, wie ich meine Klasse hasse!

mm

ERKLÄRUNG

Die Konsonantenverdoppelung

Es gibt zwei Arten von Lauten:
Vokale oder **Selbstlaute:** a, e, i, o, u
Konsonanten oder **Mitlaute:** b, d, g, p, t, k, l, r, m, n, r, s usw.

Vokale (Selbstlaute) können kurz oder lang gesprochen werden. Nehmen wir als Beispiel das Wort ***wirr*** aus dem Mail mit dem Klassenhassersong. Das i wird hier kurz gesprochen. Du merkst auch, dass es eine andere Bedeutung hat als ***wir***. Dieses Beispiel zeigt dir, wie wichtig die Aussprache für die Schreibung ist. Andererseits siehst du, wie wichtig die richtige Schreibung ist, damit keine Missverständnisse aufkommen.

TIPP

Ein Doppelkonsonant kann
nur auf einen ***kurzen Vokal*** folgen! ► ***wirr***
Nach einem ***langen Vokal***
steht nie ein Doppelkonsonant! ► ***wir***

24 ÜBUNG

Suche aus dem Klassenhassersong von Miss Minus *(Seite 35)* **alle Wörter mit einem Doppelkonsonanten (ss, mm, ff, ...).** Sprich die Wörter deutlich aus und achte besonders darauf, dass die Vokale kurz gesprochen werden.

25 ÜBUNG

Schreib folgende Wörter und ordne sie dabei in die Tabelle unten ein. *(Lass dir die Wörter nach einigen Tagen nochmals diktieren.)*

Schall, Gasse, starr, irr, Wissen, wenn, satt, Sperre, Risse, Mitte, offen, er ritt, Lamm, Kelle, Herr, Kamm, schlaff, denn, innen, Schiff, Bett, Stall, kann, Rosse, Hölle, still

ff	ll	mm	nn	rr	ss	tt
offen	…………	…………	…………	…………	…………	…………
…………	…………	…………	…………	…………	…………	…………
…………	…………		…………	…………	…………	…………
	…………		…………	…………	…………	…………
	…………					

26 ÜBUNG

In die leeren Plätze in der Mitte der Kästchen passt jeweils ein ganz bestimmter Doppelkonsonant. Übertrage die Wörter dann in dein Heft und sprich sie ganz deutlich aus.

		W	G		
		A	A		
R	A			E	N
P	A			E	N
		E	E		
		N	N		

		S	D		
		U	U		
K	U			E	R
N	U			E	R
		E	E		
		R	R		

		T	W		
		O	O		
S	O			E	N
N	O			E	N
		E	E		
		N	N		

		K	R		
		O	O		
T	E			E	R
H	E			E	R
		E	E		
		R	R		

		N	R		
		E	E		
K	E			E	N
P	E			E	N
		E	E		
		N	N		

		W	K		
		A	A		
P	A			E	N
T	A			E	N
		E	E		
		N	N		

27 ÜBUNG

Sicher kannst du Ex-Direktor Fies und seine zahlreichen Rechtschreibfehler ausbessern. Ordne die von ihm falsch geschriebenen Wörter *(Seite 35)* **in zwei Spalten richtig ein:**

kurz gesprochener Selbstlaut	lang gesprochener Selbstlaut
will	*geraten*
....	....
....	....
....	....

...PAUSE!

ERKLÄRUNG

Die Friseurin – die Friseurinnen

Regel: Bei Nomen auf ***-in*** wird der Plural auf ***-innen*** gebildet:

28 ÜBUNG

Schreib den Plural auf:

Beispiel: die Freundin – *die Freundinnen*

Sekretärin, Erzieherin, Fotografin, Lehrerin, Ärztin, Politikerin, Nachbarin, Kindergärtnerin

TIPP

Lass 1–2 Tage verstreichen, bevor du mit der folgenden Übung beginnst.

Regel: Wenn auf einen Konsonanten ein anderer Konsonant folgt (zB Wi**rt**, Ha**nd**, La**st**), folgt normalerweise auch nach einem kurzen Vokal ***kein Doppelkonsonant.***

29 ÜBUNG

Ordne folgende Wörter in einer Tabelle:

Brett, Nerz, Eltern, schwimmen, kentern, winzig, gekommen, Schlund, wenn, tanken, Schopf, Watte, Runde, hinten, wetten, Arzt, Schwarm, Gewitter, links, Traktor, finster, fett, Hand

ein Konsonant, verdoppelt	**zwei verschiedene Konsonanten, nicht verdoppelt**
Brett	*Nerz*

ERKLÄRUNG

ck

Regel: Auch das ***k*** wird ***nach kurzen Vokalen verdoppelt.***
Allerdings schreiben wir statt kk meist ck: De**ck**e, Dru**ck**er, zu**ck**en, ...

30 ÜBUNG

Schreib Reimwörter mit den angegebenen Anfangsbuchstaben in dein Heft und sprich die Wörter laut mit.

a	e	i	o	u	ü	e	o
backen	wecken	nicken	Locken	gucken	Rücken	Eck	Rock
kn ...	Fl ...	kn ...	st ...	sp ...	b ...	Ged ...	St ...
p ...	n ...	str ...	h ...	schl ...	M ...	Best ...	Sch ...
N ...	Schr ...	p ...	S ...	j ...	dr ...	H ...	B ...

ERKLÄRUNG

tz

Regel: ***Nach kurzen Vokalen*** wird auch das ***z verdoppelt.***
Statt zz schreiben wir allerdings meist tz: Witz, Glatze, hetzen, ...

31 ÜBUNG

Schreib Reimwörter ins Heft und sprich wieder deutlich mit.

a	e	i	o	u
Glatzen	hetzen	Witze	glotzen	Nutzen
K ...	s ...	S ...	k ...	verschm ...
T ...	p ...	H ...	pr ...	p ...
Fr ...	F ...	schn ...	tr ...	St ...
Sp ...	verl ...	R ...	str ...	

Regel: Wie alle Doppelkonsonanten stehen ck und tz nur nach kurzen Vokalen.
Nach **langen Vokalen** und **nach Konsonanten** steht nur einfaches **k** oder **z:**
Schmerz, winzig, Harz, Stelze; Haken, wirken, Balken ...

32 ÜBUNG

Schreib die Wörter ab und ergänze dabei k oder z.

Wer.	par.en	Gur.e	dan.en
Lu.e	len.en	Im.er	War.e
Bir.e	Kapu.e	tan.en	Fil.
Ar.t	Kan.ler	Wan.e	wir.en
schwar.	Fal.e	hä.eln	win.en

3. KAPITEL

s – ss – ß

mailto:miss.minus@1.Klasse

Klassenhassersongs waren eine meiner Leidenschaften, schön, dass Sie noch einen in Ihrem Heft finden. In der guten alten Schulzeit konnte man die Schüler auch noch richtig bestrafen, aber heute? Sie dösen nur noch vor sich hin, blasen Trübsal und futtern während des Unterrichts ihre süßen Essreserven auf. Man müsste sie wieder in die Ecke stellen dürfen, bis ihnen die Beine krachen. hässlichst,

Ihr ergebener Ex-Direktor Fies ☹

mailto:exdirex.fies@out.com

... und nur wer die s-Schreibung lösen kann, wird verschont. Ja, ja, Sie haben schon Recht. Ihre Strenge hat uns auch nicht geschadet. Aus allen Ihren Schülern sind tüchtige Menschen geworden, zumindest von mir weiß ich das ganz genau. Hihihi.

Ihre mm

ERKLÄRUNG

Die s-Laute

Wir unterscheiden zwei Gruppen von s-Lauten:

1. Wörter mit s

2. Wörter mit ß oder ss.

Das deutliche Sprechen der Wörter ist eine gute Hilfe, allerdings hört man den Unterschied nicht immer. Am Wortende oder vor t gilt die Unterscheidung überhaupt nicht. Daher brauchen wir zusätzliche Regeln. Diese wollen wir nun schrittweise erarbeiten.

33 ÜBUNG

Schau die unterstrichenen Wörter in den beiden Mails auf Seite 40 an. Du siehst, dass es für den s-Laut drei unterschiedliche Schreibungen gibt: s – ss – ß. Schreibe die unterstrichenen Wörter in folgende Tabelle ein.

s	ss	ß
	Klassenhassersongs	

ERKLÄRUNG

Wörter mit s

s-Regel: 1 ▶ Wörter, in denen der s-Laut **weich gesprochen** wird, werden mit **„s"** geschrieben.

Damit du mit dieser Regel sicher arbeiten kannst, gibt es mehrere Tricks, mit denen du feststellen kannst, ob ein Wort mit s geschrieben wird.

TIPP 1

Deutliches Sprechen: Vor allem im Wortinneren hörst du den weich gesprochenen Laut gut. Suche daher Formen, in denen der s-Laut zwischen Vokalen steht.

34 ÜBUNG

**Ergänze folgende Reimwörter.
Sprich beim Schreiben sehr deutlich mit.**

rasen	*reisen*	*Preise*	*Rose*	*Riese*
bl ...	wei ...	R ...	D ...	W ...
H ...	pr ...	Gr ...	H ...	d ...
N ...	bew ...	Gel ...	L ...	m ...
gr ...	M ...	Bew ...	Moo ...	Pri ...

TIPP 2

Grundwort (zB Infinitiv) suchen. Hier gilt nämlich s-Regel 2:

s-Regel: 2 ▶ Wenn ein Wort in der Grundform (zB im Infinitiv) ein s hat, so haben alle Formen dieses Wortes und alle verwandten Wörter ebenfalls ein s.

So wendest du die Regel richtig an: Du lies/ßt ein Buch. – s oder ß?
Infinitiv (Nennform) = lesen; ▶ daher musst du schreiben ▶ du liest.

35 ÜBUNG

Ergänze die Grundformen zu den angegebenen Wörtern.

Beispiel: du liest ▶ *lesen*

reist, weist, rast, tost, bläst, döst, saust, verlost, preist, löst, niest

36 ÜBUNG

Bilde jetzt zu den Infinitiven, die du bei Übung 35 gefunden hast, jeweils die Mitvergangenheit (Präteritum) und schreibe die Wörter in dein Heft.

Beispiel: lesen ▶ *ich las*

TIPP 3

Das Wort so verlängern (zB Plural bilden), dass der **s-Laut im Wortinneren** steht. ▶ das Los – die Lose.

37 ÜBUNG

Ergänze den Singular (die Einzahl).
Du kannst dabei den Artikel weglassen. Kreise das s ein.

die Gräser ▶	Gras	die Riesen ▶	....
die Gleise ▶	....	die Speisen ▶	....
die Preise ▶	....	die Ausweise ▶	....
die Reisen ▶	....	die Kreise ▶	....
die Gläser ▶	....	die Gase ▶	....
die Beweise ▶	....	die Moose ▶	....

38 ÜBUNG

Bilde die Verkleinerungsform zu den „gezeichneten" Nomen und kreise das s ein.

Beispiel: Glas ▶ Gläschen

TIPP 4

Nach Konsonanten kann nur **„s"** stehen.

39 ÜBUNG

Ergänze passende Reimwörter und kreise den Mitlaut vor dem s ein.

Durst ▶	W	Gelsen ▶	F ....
Würste ▶	B	Horst ▶	F ....
bürsten ▶	d	füllst ▶	h ....

...PAUSE!!

ERKLÄRUNG

Wörter mit st

Regel: Die meisten Wörter, bei denen du einen s-Laut vor einem t hörst, werden mit st geschrieben.
sst gibt es nur bei Zeitwörtern, die in der Nennform ein ss haben (hassen – du ha**sst**),
ßt nur bei Zeitwörtern, die auch in der Nennform ß haben (grüßen – er grü**ßt**).

40 ÜBUNG

Sprachlabor: Kannst du bei der „chemischen Reaktion" helfen und die Wörter zusammensetzen? Kennzeichne st mit Farbstift.

Beispiel: H + ast ▶ *Hast*

-ast	-est	-eist	-ist	-ost
....	....	....	....	....
....	....	....	....	....
....	....	....	....	....
....	....	....	....	....
....	....	....	....	....
....		....		....
....				
....				

41 ÜBUNG

Suche Reimwörter. Unterstreiche st.

Liste	▶ K	festlich	▶ w ....
Kosten	▶ P	Äste	▶ G ....
Osten	▶ r	Weste	▶ F ....
Muster	▶ L	rasten	▶ h ....
Rast	▶ L	Wespe	▶ E ....
speist	▶ w	Lasten	▶ K ....
weist	▶ r	Meister	▶ G ....

42 ÜBUNG

Manche Wörter werden leider immer wieder falsch geschrieben. Fertige dir ein **Lernplakat** an.

TIPP

Du nimmst dafür ein stärkeres Papier (oder einen Karton) in der Größe DIN A3. Schreib deine „Problemwörter" übersichtlich und in großer Schrift darauf. Hänge dann das Plakat mehrere Wochen lang gut sichtbar in deinem Zimmer auf.

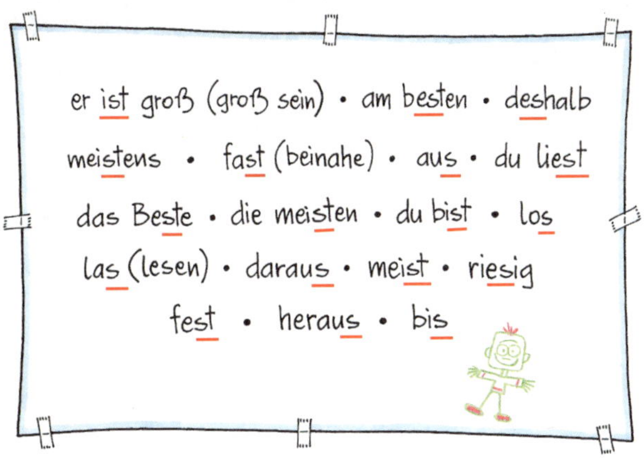

...PAUSE!

ERKLÄRUNG

Wörter mit ss

43 ÜBUNG

Schreib die drei gezeichneten Wörter auf: Alle haben ss.

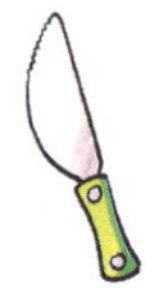

....

Wenn du diese Wörter mit ss genau betrachtest, kannst du Folgendes beobachten:

1. Vor dem ss steht ein Vokal (Selbstlaut).

2. Der Vokal vor dem ss wird kurz gesprochen.

s-Regel: 3 ▶ **ss** steht nach einem **kurz gesprochenen** Selbstlaut.

Für das „ss" gilt dieselbe Regel wie für alle anderen Doppelkonsonanten (zB nn, rr, tt, ...).

44 ÜBUNG

Bilde aus jedem Buchstaben in einem Blütenblatt ein Wort mit dem Wortteil in der Mitte der Blume. Schreib diese Wörter in dein Heft und unterstreiche die ss. Sprich dabei die Wörter laut mit.

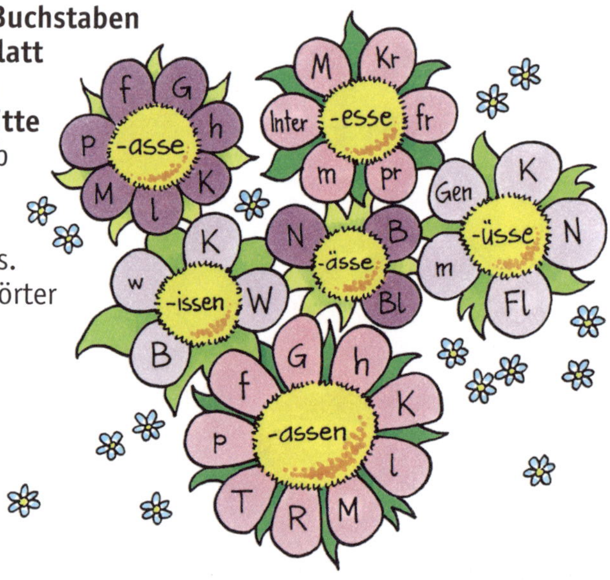

45 ÜBUNG

Schreib folgende Wörter vollständig auf und sprich sie mehrmals deutlich. Zeichne die Selbstlaute vor und nach dem ss mit Farbstift an.

E .... en	E .... ig	gego .... en	Schü .... el
Kla .... e	Gewä .... er	geflo .... en	Kü .... e
pa .... en	fre .... en	gescho .... en	Rü .... el
Ma .... e	fa .... en	mü .... en	Schlü .... el

46 ÜBUNG

Bilde zu folgenden Wörtern den Singular. Sprich die Wörter ganz deutlich aus, besonders den kurzen Vokal. Unterstreiche das „ss“ mit einem Farbstift.

Küsse	Bässe ....
Nüsse	Fässer ....
Flüsse	Pässe ....
Genüsse	Asse ....
Güsse	Bisse ....
Bosse	Risse ....
Schlösser	Schlüsse ....
Kolosse	Rosse ....

47 ÜBUNG

Problemwörter für ein Lernplakat für ss.
(Wie du das machen kannst, ist auf Seite 45 beschrieben.)

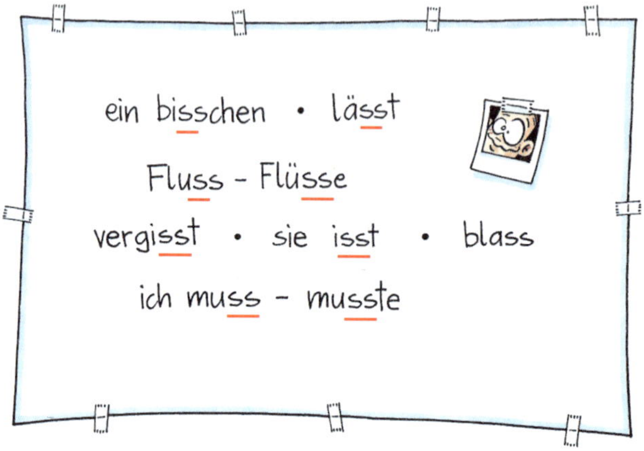

ERKLÄRUNG

Das Zeugnis – die Zeugnisse

Regel: Die Wörter mit der Endsilbe **-nis** haben im Plural **-nisse.**
Die Neutra (sächlichen Nomen) bilden den 2. Fall mit **-nisses.**

48 ÜBUNG

Bilde den 2. Fall Einzahl und den 1. Fall Mehrzahl zu folgenden Wörtern:

Verzeichnis / Geheimnis / Zeugnis / Gleichnis / Erkenntnis / Bekenntnis
Hindernis / Begräbnis / Gefängnis / Erlebnis / Ergebnis

	2. Fall Einzahl	1. Fall Mehrzahl
das Verzeichnis	*des Verzeichnisses*	*die Verzeichnisse*

ERKLÄRUNG

Wörter mit ß

s-Regel: 4 ▶ **ß** steht **nach** einem **langen Selbstlaut** oder nach einem **Zwielaut** (au, ei, äu), wenn der s-Laut scharf ausgesprochen wird.
zB stoßen, Füße, außen, heißen, äußerst, ...

49 ÜBUNG

Schreib folgende Wörter auch ins Heft und unterstreiche den langen Selbstlaut.

drau .... en	Stra .... e	Fu	Grö .... e
am grö .... ten	sü .... e	flei .... ig	rei .... en
grö .... er	Grü .... e	gesto .... en	au .... er
begrü .... en	genie .... en	Spä .... e	gefrä .... ig

50 ÜBUNG

Hier sind wieder ein paar „Problem-Wörter" für ein neues Lernplakat. *(Wie du das machen kannst, ist auf Seite 45 beschrieben.)*

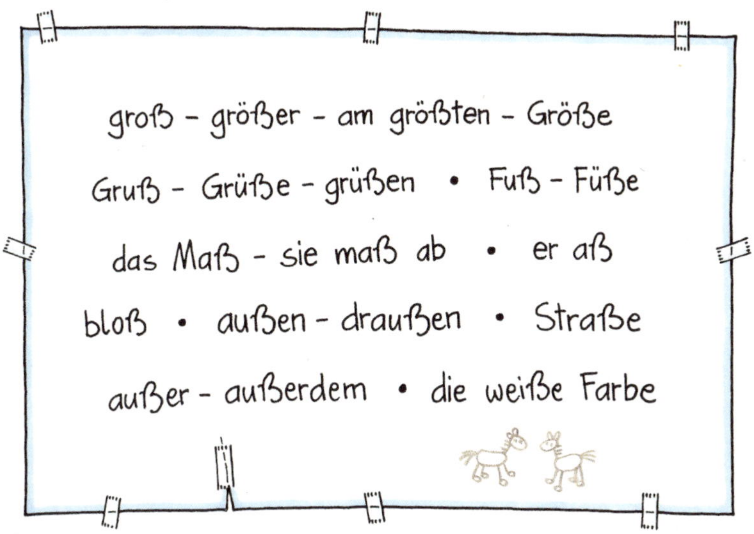

ERKLÄRUNG

ss oder ß: eine „starke“ Gemeinheit!

Bis jetzt haben wir nur Wörter geübt, bei denen die Regel gilt:
Wenn der Wortstamm ss hat, dann haben alle verwandten Wörter ebenfalls ss.
Viele **starke Verben** machen da leider nicht mit. Sie wechseln den Wortstamm und haben gemeinerweise einmal einen **kurzen** Vokal (zB **e**ssen), in einer anderen Form aber einen **langen** (zB **a**ß).

51 ÜBUNG

Ergänze folgende Tabelle. Überlege, wo „*ß*“ und wo „*ss*“ stehen muss. Achte darauf, ob der Selbstlaut vor dem „*s*“-Laut kurz oder lang gesprochen wird.

essen	er/sie *isst*	*aß*	*gegessen*
beißen	....	....	....
....	reißt	....	....
....	....	....	gehasst
schließen	....	....	....
....	genießt	....	....
....	....	wusste	....
....	....	....	vergessen
fressen	....	....	....
....	misst	....	....
....	....	....	gegossen
lassen	....	....	....

ABSCHLUSSÜBUNG 4

a) Lasse dir die Wörter der drei Lernplakate (siehe Übungen 42, 47 und 50) von einem Partner (Eltern, Geschwister, Freund/in, ...) diktieren oder mache ein Laufdiktat *(siehe Seite 27)*.

b) Verwende folgende Wörter der Wortfamilien „messen" bzw. „essen" in jeweils einem Satz.

1. messen, du misst, Messbecher, sie maß, Maßband, Längenmaß
2. sie isst, er aß, essbar, Esszimmer

c) Schreib den folgenden Text mit den richtigen s-Buchstaben ab oder lass ihn dir diktieren:

Das schwere Unwetter

Vor kurzer Zeit gab es ein heftiges Unwetter. Rasch verdü .... terte sich der Himmel mit rie .... igen Wolkenhaufen. Der Wind begann zuer .... t nur ein bi .... chen zu bla .... en, doch rasch brau .... te er mit so gro .... er Stärke daher, da .... er sogar einige Bäume au .... dem Boden ri .... Im Nu verlie .... en die Leute die Stra .... en, und nur wer unbedingt drau .... en bleiben mu .... te, tat die .... Bald pra .... elte auch der Regen vom Himmel, und schon nach kurzer Zeit sahen die Stra .... en wie kleine Flü .... e au .... , so hoch stand das Wa .... er. Nach einer halben Stunde lie .... schlie .... lich der Regengu .... wieder nach, das Gewitter verzog sich, ja sogar die Sonne kam wieder au .... den Wolken herau .... *(110 Wörter)*

VORSCHLAG FÜR DIE BEWERTUNG:

0–3 Fehler:	Gut, besser, du!
4–7:	Schau dir doch noch einmal die Regeln der Seiten 41–49 an.
8 oder mehr Fehler:	Mache einige Übungen von 35–51 noch einmal. Lass aber ein paar Tage bis dahin verstreichen!

Übungen zum Wiederholen – Vertiefen – (Ab)Sichern in **DURCHSTARTEN – DEIN ÜBUNGSBUCH.**

...PAUSE!

PAUSEN-ÜBUNGEN

Konzentriertes Arbeiten ist nur dann möglich, wenn du Erholungspausen einplanst. Nach 30 bis 45 Minuten lässt deine Konzentration nach. Lege daher eine etwa 10 Minuten lange Pause ein, in der du eine der folgenden Pausen-Übungen machen kannst. Nach der Pause beginne mit einer nicht besonders anstrengenden Hausaufgabe. Dann erst lernst du weiter. Auch dein Gehirn liebt die Abwechslung.

BEWEGUNGSÜBUNGEN

Überkreuzbewegung

Diese Übung ist gut zur Koordination der linken und rechten Gehirnhälfte. Bringe den rechten Ellbogen zum linken Knie und danach den linken Ellbogen zum rechten Knie. Achte dabei auf die Bewegung der Schultern.
Variante: Überkreuz-Marschieren auf der Stelle, wobei immer gleichzeitig der rechte Arm und das linke Bein bzw. der linke Arm und das rechte Bein aktiviert werden.
Dauer der Übung: ca. 2 Minuten

Liegende Acht

Diese Übung stärkt das beidseitige Sehen und somit die Konzentrationsfähigkeit beim Lesen und Schreiben. Schreibe mit dem Daumen bei ausgestrecktem Arm eine große liegende Acht vor deinen Augen in die Luft. Verfolge dabei genau deinen Daumen nur mit den Augen.
Dauer der Übung: ca. 2 Minuten

ENTSPANNUNGSÜBUNGEN

Atemübung

Konzentriere dich auf deinen Atem. Du atmest durch die Nase langsam und tief ein. Achte darauf, dass du ca. 5 Sekunden einatmest. Am höchsten Punkt hältst du den Atem ca. 2–3 Sekunden an. Dann atmest du durch den Mund langsam wieder aus.
Dauer der Übung: ca. 5 Minuten

Muskelübung

Lege dich auf den Rücken.
Balle zuerst die Faust einer Hand und spanne die gesamte Armmuskulatur an. Halte die Spannung ca. 7–10 Sekunden. Löse die Spannung und genieße das Gefühl, wenn die Anspannung aus deinem Arm weicht. Mache dies nun nacheinander mit dem anderen Arm, mit den Beinen, deiner Beckenmuskulatur, deiner Bauchmuskulatur, den Nacken- und Schultermuskeln und deiner Gesichtsmuskulatur. Halte die Spannung jeweils 7–10 Sekunden und genieße immer das Gefühl der Entspannung.
Dauer der Übung: ca. 10 Minuten

Hirnentleerungsübung

Unternimm bei deiner Lieblingsmusik eine Fantasiereise im Kopf. Sie führt dich gedanklich an einen Ort, wo du gerne wärst.
Was siehst du dort? Was hörst du dort? Was fühlst du? Wen triffst du? Was riechst du? …
Dauer der Übung: ca. 10 Minuten

4. KAPITEL

Dehnung der Selbstlaute

mailto:exdirex.fies@out.com

Diesmal wende ich mich um Hilfe an Sie, verehrter Ex-Direktor.
Ich finde einfach keine Aufgabe, die die Egg-Zwilinge nicht lösen können. Als ich in der letzten Nachhilfestunde in das Wort „nämlich" – vor lauter Stress – ein h hineingebessert habe, rief Emmy spöttisch: Wer nämlich mit h schreibt, ist dämlich.
Ich bin so wütend geworden, dass ich ihr 20 Minuten pädagogisches Niederknien verordnet habe. Aber entspannt bin ich ehrlich gesagt immer noch nicht ...

Bösest, Ihre mm

PS: Nämlic<u>h</u> schreibt man übrigens doch mit <u>h</u>!

mailto:miss.minus@1.Klasse

Vorschlag: Klopfen Sie Emmy zuerst mit aa-, ee- und oo-Diktaten weich (Beispiel: Oh, wieso hat der Nikolo ein Klo im Zoo?), und dann schlagen Sie sie mit ihren eigenen Waffen – mit dem stummen h.
Beispiel: Im nächsten Leben werde ich statt Lehrer lieber wieder Rauchfangkehrer.
Und noch ein Wort zu Ihrem kleinen, äh ... dämlichen Missgeschick: Wenn mir mal zufällig ein Fehler passiert ist, habe ich immer gesagt: Ich hab euch doch nur testen wollen!

Miesest, Ihr Ex-Direktor Fies ☹

Wintergeschichte

Er zog sich warm an und ging hinaus zu den Eisbären.
Sie setzten sich unter den funkelnden Sternen in den Schnee und sprachen von allerlei. Besonders der jüngste Eisbär war sehr gesprächig. Der große, alte sprach nur wenig, und wenn er ab und zu ein paar Sätze sagte, hob er den weißen Arm und wies hinaus zu den schimmernden Eisbergen im dunklen Meer. Dann schwiegen sie und sahen lange dem Nordlicht zu, das in grünen, roten und blauen Farben am Himmel spielte.
Das ist immer wieder schön.

(Aus: Josef Guggenmos; O, Verzeihung, sagte die Ameise. Beltz Verlag, Weinheim und Basel)

In diesem Text sind die lang gesprochenen Vokale (Selbstlaute) unterstrichen. Zwielaute (eu, au, ei) sind immer lang zu sprechen und sind daher hier nicht unterstrichen. Lange Aussprache nennt man **Dehnung.**

52 ÜBUNG

Lies den Text zweimal langsam, laut und deutlich vor. Sprich vor allem die unterstrichenen Laute besonders deutlich und lang aus.

Zeichne die folgende Tabelle in dein Heft und ordne dann die im Text „Wintergeschichte" unterstrichenen Wörter richtig ein. Mehrmals vorkommende Wörter brauchst du nur einmal zu schreiben.

Wörter mit ie (= langem i)	Wörter mit nicht hörbarem -h	Wörter ohne Dehnungszeichen	Verdoppelung des Selbstlautes
sie	sehr	zog	Schnee

Regel: Für die Schreibung von Selbstlauten, die lang ausgesprochen werden, gibt es vier Möglichkeiten:

1. ▶ Verdoppelung des Selbstlautes (aa, ee, oo)
2. ▶ ie (= langes i)
3. ▶ stummes h
4. ▶ kein Dehnungszeichen.

Leider gibt es keine genauen Regeln, wann welche Schreibweise verwendet wird. Du musst dir also die wichtigsten Wörter durch Übung einprägen. In Zweifelsfällen kannst du immer das Wörterbuch benützen. Die folgenden Übungen wollen dir wichtige Hilfen vermitteln.

ERKLÄRUNG

Wörter mit aa, ee, oo

Solche Wörter gibt es nur wenige, die für dich wichtig sind. Diese lernst du am besten auswendig: *Aas, Haar, Paar, ein paar, Saal, Saat, Staat, Waage; Beere, Beet, Fee, Heer, Kaffee, Klee, leer, Meer, Schnee, See, Seele, Speer, Tee, Teer, teeren; Boot, Moor, Moos, Zoo*

53 ÜBUNG

Suche die in diesem Kasten waagrecht und senkrecht versteckten Wörter mit Doppelvokal. Schreib sie heraus und bilde dazu (wenn möglich) die Mehrzahl.

Z	H	I	T	E	E	X	Y	P	O
O	A	X	E	O	M	H	A	A	R
O	Y	B	E	E	R	E	Q	A	P
L	E	E	R	X	H	E	E	R	A
B	E	E	T	L	S	T	A	A	T

ERKLÄRUNG

Wörter mit ie (= langem i)

Die meisten Wörter, die im Wortstamm einen lang gesprochenen i-Laut haben, werden mit ie geschrieben (zB ziemlich, hier, Knie, ...).

54 ÜBUNG

Suche Reimwörter.

schlief	▶ l	viel	▶ Z ....
Brief	▶ t	Tier	▶ h ....
Schiene	▶ B	Fliege	▶ Z ....
schrie	▶ n	verlieren	▶ fr ....
lieb	▶ D	mieten	▶ b ....
verdrießen	▶ schl	gießen	▶ fl ....
liegen	▶ kr	Kies	▶ bl ....
wies	▶ d	rieb	▶ S ....

55 ÜBUNG

Viele starke Verben haben im Präteritum (Mitvergangenheit) ein langes i. **Schreib zu folgenden Nennformen die Form der 1. Person (ich) des Präteritums auf.**

Beispiel: schreien ▶ *ich schrie*

schreien	stoßen	meiden	fallen
braten	rufen	raten	steigen
weisen	reiben	schlafen	halten
laufen	lassen	treiben	schreiben

56 ÜBUNG

Viele Zeitwörter (meist solche, die von Fremdwörtern abgeleitet sind) haben die Endsilbe -ieren.
Bilde diese zu folgenden Wörtern:

Eine lange Mathematikstunde: Was so alles geschehen kann!

1. zur Tafel .... *(Marsch)*
2. .... *(Division)*
3. eine Lösung .... *(Probe)*
4. etwas .... *(Radiergummi)*
5. eine Aufgabe .... *(Diktat)*

ERKLÄRUNG

Wörter mit i

Manche Wörter haben ein lang gesprochenes i, das jedoch nicht als **ie** geschrieben wird. Viele stammen aus anderen Sprachen (zB Kino aus dem Griechischen).

57 ÜBUNG

Schreib ein Lernplakat *(siehe Seite 45)* **mit folgenden häufig vorkommenden „Problem-Wörtern“:**

mir – dir – wir – gib! – gibst – gibt – erwidern – Liter – widersprechen – Kilo – Maschine – Familie – Musik – Kino – Benzin – Schi (= Ski) – Linie – Mine (Bleistiftmine, Goldmine)

ABSCHLUSSÜBUNG 5

a) **Lass dir die Wörter mit aa, ee und oo von Seite 55 ansagen oder bilde lustige Sätze mit ihnen.**

b) **Verwende die Wörter aus Übung 57 in jeweils einem kurzen Satz.**

Beispiel: *Gib mir bitte eine Bleistiftmine!*

c) ***Lange i-Schlange***
In der Schlange sind eine Menge Wörter mit i-Lauten versteckt. Schreib sie in dein Heft und füge statt des * ein „i" oder „ie" ein.

AUSWERTUNG FÜR ÜBUNG c):

0–2 Fehler:	Spitzenklasse!
3–4 Fehler:	Auf dem Weg nach oben!
ab 5 Fehler:	Die Seiten 54 bis 56 harren deiner! Wiederhole sie bitte in zwei bis drei Tagen!

Übungen zum Wiederholen – Vertiefen – (Ab)Sichern in **DURCHSTARTEN – DEIN ÜBUNGSBUCH.**

ERKLÄRUNG

Wörter mit Dehnungs-h (stummem h)

58 ÜBUNG

Sprich folgende Wörter ganz deutlich:

eilen – heilen / eilig – heilig / Haus – aus / halten – die Alten;
gewöhnen / führen / ziehen / gehen / verhungern / verstehen / behaupten
wahr / Hirn / nah / fehlen / Henne / heißen / Zahl / Verkehr / Hedwig

Du merkst: Manche h kannst du beim Sprechen hören (zB heilen), manche jedoch nicht (zB fe'len). Deshalb heißen sie **stumme h.**

Das stumme h zeigt dir an, dass der davorstehende Selbstlaut lang gesprochen werden muss. Deshalb heißt es auch **Dehnungs-h.** Allerdings steht nicht nach jedem langen Selbstlaut ein stummes h, sondern nur bei manchen Wörtern. Oft kann man mit dem h die Bedeutungen unterscheiden (zB wa**h**r und war; ma**h**len und malen).

TIPP

Stummes h steht **häufig**

- in **Wortstämmen**, zB in wahr,
  aber **nicht in Vor- oder Nachsilben**, zB in -bar, vor-.
- **vor l, m, n oder r**, zB wählen, Ruhm

59 ÜBUNG

Sternrätsel: Schreib alle Wörter, die du mit diesen Sternen bilden kannst, in dein Heft.

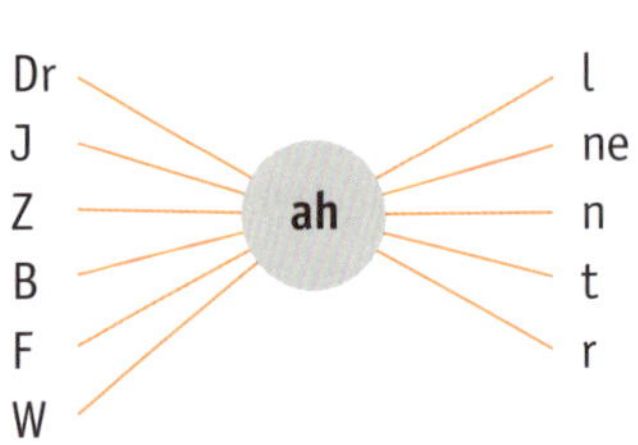

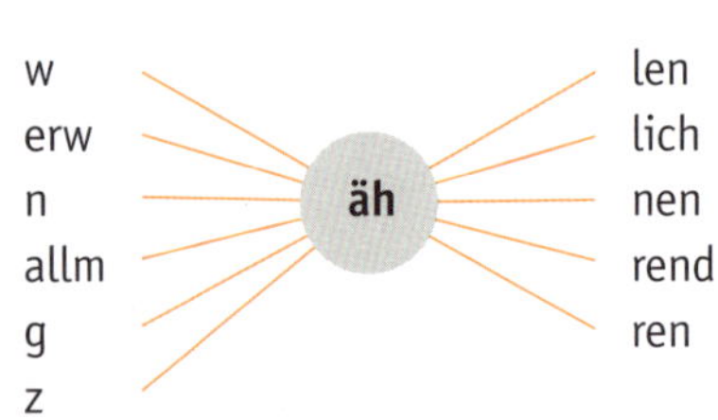

60 ÜBUNG

Und noch zwei Sternrätsel:

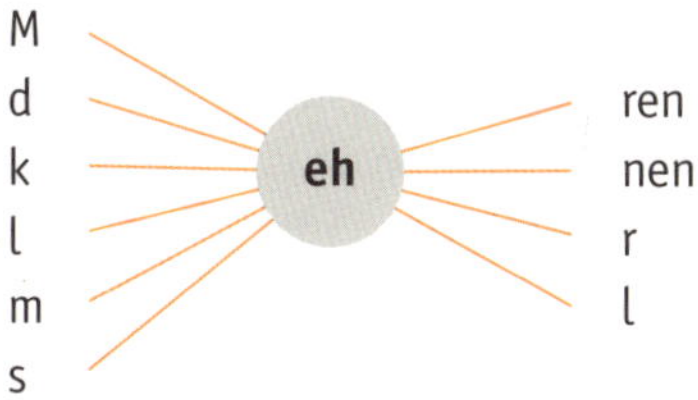

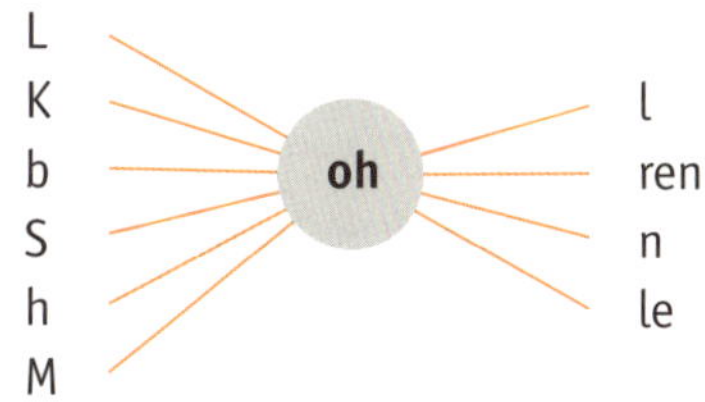

61 ÜBUNG

Wörterkisten füllen: Du findest hier Wörter, bei denen die Wortstämme fehlen und darunter 5 Kisten mit diesen Wortstämmen. Zeichne diese Kisten vergrößert in dein Heft und schreibe die Wörter passend ein.

ge … en	Ge … ter	… er	be … en
… scheinlich	… steig	hin … en	… sager
ver … en	… hof	… heit	… zeug
Eisen …	… reich	… haftig	… ling

ERKLÄRUNG

Silben trennendes h

gehen, blühen, Kühe
(gesprochen wird aber: ge'en; blü'en; ...)
Wenn du diese Wörter genau sprichst, merkst du, dass hier jeweils ein Vokal (e, ie, ä, ü) und ein e zusammenstoßen. In diesen Fällen wird meist ein stummes h eingeschoben. Man nennt es Silben trennendes h.
Dieses bleibt auch erhalten, wenn es nicht mehr zwischen Silben steht, zB gehen – geht; ziehen – zieht; drehen – Drehstuhl; näher – nah

62 ÜBUNG

Wörter-Memory

Du kennst sicher das Memory-Spiel. Vergrößere folgenden Plan mit den Wörtern, schneide die Wörter aus oder schreib die Wörter auf Kartonkärtchen (6 x 6 cm). Gewiss findest du eine Spielpartnerin oder einen Partner. Notfalls kannst du auch 3 Durchgänge allein spielen und schauen, in welcher Zeit du alle 12 Wortpaare gefunden hast.

Mähdrescher	**Gehsteig**	**blüht**	**gehen**	**nah**
Reh	**steh auf!**	**bemühen**	**siehst**	**Rehe**
glüht	**sehen**	**drehen**	**bemüht**	**stehen**
Nähmaschine	**Stehlampe**	**gedreht**	**aufstehen**	**Nähe**
nähen	**blühen**	**glühen**	**mähen**	

...PAUSE!

ERKLÄRUNG

Wichtige Wörter ohne Dehnungszeichen (langes a, e, o, u)

63 ÜBUNG

Ergänze das fett gedruckte Wort:

Name ▶ Familien .... / .... tag / n .... lich
Vor .... / .... ns

holen ▶ .... te / ge .... / herbei ....
ab .... / auf .... / du .... st

hören ▶ Ge .... / ge .... t / .... te
.... übung

kam ▶ ich be .... / wir be .... en
du .... st / sie .... en

malen ▶ an .... / die M .... erei / be ....
das Ge .... de (ä!) / M .... er / .... stift

mal ▶ ein .... / beim nächsten M ....
manch .... / nie .... s
oft .... s / jedes ....

schon ▶ Hast du deine Aufgabe .... erledigt?
Du hast .... fleißig geübt.

spät ▶ Komme nicht zu .... ! / .... er

ABSCHLUSSÜBUNG 6

a) Lass dir die Wörter von Übung 61 diktieren.

b) Lass dir den Text „Wintergeschichte“ (Seite 54) diktieren.

c) Übertrag folgenden Text in dein Heft und ergänze dabei die Wörter. Alle haben einen langen Vokal, allerdings nicht alle ein Dehnungszeichen. Du musst also sehr genau Acht geben.

Missverständnis

Aus Frankreich ist uns folgende Erz .... lung überl .... fert. Einmal k .... m bei einer Reise durch die Schweiz ein ber .... mter französischer Gel .... rter in ein kleines Gasthaus und wollte dort sein Mittagsm .... l zu sich nehmen. Die Wirtsleute verstanden jedoch nur Deutsch. Der Gast w .... derum konnte kaum ein deutsches Wort sprechen, sodass er sich nicht verständlich machen konnte.

Kurz entschlossen h .... lte er also ein Stück Pap .... r aus seiner Tasche, m .... lte, so gut er konnte, einen großen Pilz auf das Blatt und zeigte dem Wirt sein Werk. Der Gel .... rte aß n .... mlich Pilze für sein Leben gern. Der Wirt lächelte verständnisvoll, verschwand kurz im Haus und k .... m gleich w .... der – mit einem Regenschirm. *(106 Wörter)*

AUSWERTUNG FÜR BEISPIEL c):

0–2 Fehler:	Dehnungs-Profi!
3–5 Fehler:	Dehnungs-Lehrling!
ab 6 Fehlern:	Die Seiten 54 bis 60 musst du noch einmal durcharbeiten, aber erst nach ein paar Tagen.

Übungen zum Wiederholen – Vertiefen – (Ab)Sichern in DURCHSTARTEN – DEIN ÜBUNGSBUCH.

AUDITIVE FÄHIGKEITEN NÜTZEN UND VERBESSERN

Selektives Hören
Versuche bewusst einzelne Geräusche wahrzunehmen, zB bei einem Popsong einzelne Musikinstrumente herauszuhören.

Lernen mit „Eigenproduktionen"
Auf Kassettenrecorder/CD-Player/MP3-Player aufgesprochene Texte, Fakten oder auch einzelne Wörter zur zB s-Schreibung kannst du über das wiederholte Abhören lernen.
Du kannst deine Aussprache verbessern und Sprachhemmungen abbauen, indem du mit einem Freund/einer Freundin Texte liest oder auch frei sprichst und dies aufnimmst.

Lernen mit „Fremdproduktionen"
Kaufe dir eine CD, auf die *Schauspieler* Texte gesprochen haben. Das Hören solcher Aufnahmen fördert dein Sprachgefühl und deine Aussprache.

Mitsprechen
Wenn du Deutschhausübungen machst, sprich laut mit.

Gegenseitiges Vorlesen und Erzählen
Zu zweit gibt es verschiedene Möglichkeiten, wie du deine auditiven Fähigkeiten trainieren kannst. ZB liest dir dein Freund/deine Freundin einen Nachrichtentext vor, den du anschließend mit deinen eigenen Worten wiederzugeben versuchst. Du kannst auch mit deinem Freund/deiner Freundin den Lernstoff durch gegenseitiges Befragen wiederholen.

Gehörtes durch Bilder unterstützen
Versuche dir Gehörtes vor deinem inneren Auge mit Bildern vorzustellen. Variante: Notiere dir wichtige Inhalte in Form von kleinen Skizzen und Bildern.

Mit Musik lernen
Musik kann deine Kreativität beim Lernen fördern. Allerdings sollte es Musik sein, die eine beruhigende Wirkung auf dich hat und dich nicht ablenkt.

5. KAPITEL
Konsonanten

ERKLÄRUNG

b/p, d/t, g/k

mailto: foersti@to me.com
die schulische b/pehandlung meiner lese- und rechtschreibschwäche war k/geine g/kroße hilfe. unlängst musste ich meiner t/dante in kanada einen b/prief schreiben und sie um etwas k/gohle bitten, ich bin nämlich d/total p/bleite. mensch war das p/beinlich! sie rückt die b/panknoten erst d/tann heraus, wenn ich fehlerlos schreibe. eine b/pitterböse sache für mich. b/pitte hilf du mir, meine p/brobleme b/peginnen schon am wortanfang.

64 ÜBUNG

Lies den Text aufmerksam durch und unterstreiche beim leisen Lesen die richtigen Konsonanten am Wortanfang.

65 ÜBUNG

Übertrage den Text von oben nun in Normalschrift.

66 ÜBUNG

Lies die folgenden Wörter. Sprich dabei den ersten Laut *(das ist der Anlaut)* **einmal weich, dann hart aus. Höre genau hin! Mach folgende Probe** *(Fingerprobe)***: Beim richtig gesprochenen P oder T musst du mit den Fingern vor dem Mund einen Luftstoß verspüren, beim B und D darfst du nichts spüren.**

.rogramm	.ramatisch	.rawatte	.iegsam	.astatur	.enießen
.atterie	.atei	.ießkanne	.iologisch	.ividieren	.rabbeln
.ublikum	.oppelt	.otelett	.rima	.hronen	.lühbirne

67 ÜBUNG

Einige Wörter unterscheiden sich nur durch den harten oder weichen Anlaut. Sprich die Anlaute deutlich aus. Lies die Erklärung, die daneben steht und setze den richtigen Anlaut ein. Verwende das Wort in einem kurzen Satz oder in einer Wortgruppe.

Beispiel:
*G*abel ▶ Werkzeug mit Zinken
*K*abel ▶ Leitung aus Drähten
eine Gabel holen, ein Kabel installieren

1. .usche ▶ Einrichtung zum Waschen
   .usche ▶ Schreibflüssigkeit
   ....

2. .önnen ▶ imstande sein etwas zu tun
   .önnen ▶ sich freuen, dass jemand anderer etwas hat
   ....

3. .rippe ▶ Behälter für Futter
   .rippe ▶ Krankheit
   ....

4. .orf ▶ kleine Siedlung
   .orf ▶ Brennmaterial
   ....

5. .arten ▶ Grünfläche beim Haus
   .arten ▶ Blätter aus Karton
   ....

6. .asse ▶ Zahlstelle
   .asse ▶ schmale Straße
   ....

7. .anken ▶ Flüssigkeit aus einem Behälter nehmen
   .anken ▶ eine Wohltat anerkennen
   ....

8. .reis ▶ alter Mensch
   .reis ▶ runde, geschlossene Linie
   ....

9. .ass ▶ tiefe Stimme
   .ass ▶ Ausweis
   ....

10. .uss ▶ das Gießen
    .uss ▶ Berührung mit den Lippen
    ....

ERKLÄRUNG

b/p d/t g/k im Inlaut

68 ÜBUNG

Ergänze in der 1. Zeile den fehlenden Laut, sodass das Wort zur beigefügten Erklärung passt.
Ergänze in der 2. Zeile das ganze fehlende Wort, das zur Erklärung passt:

Beispiel:	En[d]e	▶ Schluss
	Ente	▶ Wasservogel
1.	Lei[ ]er	▶ Chef/Gerät zum Steigen
	....	▶ bedauerlich, unglücklicherweise
2.	Bo[ ]en	▶ Grundfläche, Erdschicht
	....	▶ Überbringer einer Nachricht (Mz.)
3.	Ge[ ]äck	▶ Koffer und Taschen
	....	▶ Kuchen, Semmeln
4.	E[ ]el	▶ Saugwurm
	....	▶ Abscheu
5.	Sei[ ]e	▶ wertvoller Stoff
	....	▶ Teil eines Buches
6.	Man[ ]el	▶ eine Frucht zum Backen
	....	▶ Kleidungsstück
7.	zan[ ]en	▶ streiten
	....	▶ Werkzeuge
8.	Wei[ ]e	▶ räumliche Ausdehnung
	....	▶ Grasland fürs Vieh
9.	An[ ]er	▶ Grasplatz im Dorf
	....	▶ Gerät zum Befestigen eines Schiffes

69 ÜBUNG

Das folgende Rätsel enthält Wörter mit b/p, d/t, g/k im Inlaut.

1. landwirtschaftliche Zugmaschine
2. unverheiratet
3. elektronische Rechenanlage
4. Kriechtier
5. heimischer Raubvogel
6. Anschrift
7. Flugkörper, bes. in der Raumfahrt
8. Blasinstrument
9. etwas, was nicht mehr funktioniert
10. indischer Magier

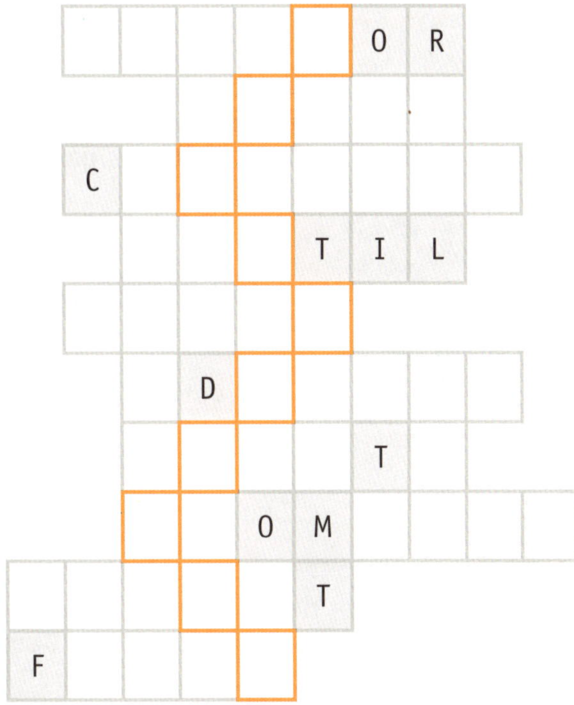

TIPPS FÜR ZWEIFLER & UNENTSCHLOSSENE

Am Wortende und vor t kann man die Schreibung oft nicht an der Aussprache erkennen. Was kannst du tun, wenn du unsicher bist? Bilde Formen, in denen b/p, d/t, g/k ins Innere zwischen Vokale (in den Inlaut) kommen, zB Dieb – Diebe: D + Vokal + b + Vokal. Dort kann man sie leichter erkennen.

Tipp 1: Setze Nomen in die Mehrzahl:
das Lan**d** ▶ die Län**der**, das Talen**t** ▶ die Talen**te**

Tipp 2: Verlängere Adjektive:
verwelk**t** ▶ die verwelk**te** Rose

Tipp 3: Bilde von Verben die Nennform:
er fan**d** ▶ fin**den**; sie ban**d** ▶ bin**den**

Tipp 4: Denk an verwandte Wörter:
gepr**obt** ▶ Pro**be**; fr**ied**lich ▶ Frie**de**

70 ÜBUNG

Wende die Tipps für Zweifler an:

	Tipp	Tippnummer
Eigenlo...	loben	....
plombier...	ein plombierter Zahn	....
Zahnra...	Zahnräder	....
sie schrie...	schreiben	....
erfrischen...	ein erfrischendes Bad	....
Bioto...	Biotope	....

71 ÜBUNG

Teste nun dein Können.
Schreib nach dem Muster von Übung 70 die Wörter auf und gib die Tippnummer an.

1. bekann... ....
2. sie ma... (Pizza) ....
3. separa... ....
4. er bemer...te ....
5. der Schwun... ....
6. schul...los ....
7. der Rasierappara... ....
8. run... ....
9. klan...voll ....
10. frie...lich ....
11. das Pake... ....
12. ein Seidenhem... ....

...PAUSE!

ERKLÄRUNG

das als Artikel

Regel: **das** wird als Artikel *(= Begleiter eines Nomens)* verwendet.
Statt des Artikels **das** kannst du meist die Wörter **ein** oder **dieses** einsetzen.

72 ÜBUNG

Ersetze in folgenden Wortgruppen den unbestimmten Artikel *ein* durch den bestimmten *das*.
(Achtung: Dabei ändert sich das beigefügte Eigenschaftswort.)

ein Haus
ein Auto
ein neues Fahrrad
ein grünes Blatt
ein buntes Papier
ein festliches Essen
ein besonders freudiges Ereignis
ein überaus großes Fest
ein ganz frisches Obst
ein spannendes Buch

73 ÜBUNG

Lies die Wortgruppen der vorhergehenden Übung und ersetze dabei *ein* durch *dieses*.

ERKLÄRUNG

das als Pronomen

- Liebe Miss Minus, nehmen Sie das **Buch**, **das** ich Ihnen geliehen habe!

  In diesem Satz weist **das** auf das vorhergehende Nomen **Buch** hin.
  Es ist ersetzbar durch **welches.**

- „Enzo, wie viel ist 9 mal 70?"
  „Aber Miss Minus, dass Sie **das** nicht wissen!"

  Das weist in diesem Fall auf den ganzen vorhergehenden Satz (Wie viel ist 9 mal 70) hin.

Regel: Als Pronomen (Fürwort) steht **das** für ein vorher genanntes Nomen (mit sächlichem Geschlecht) oder einen vorhergehenden Satz.
Es kann durch andere Wörter *(welches, dieses, es)* ersetzt werden.

74 ÜBUNG

Setze *das* ein, schreibe die Sätze anschließend in dein Heft, wobei du dir immer einen ganzen Satz merken solltest.

.... Video, ... ich dir geliehen habe, brauche ich selbst wieder. Jenes hübsche Kleid, ... ich in der Auslage gesehen habe, möchte ich gerne kaufen. Endlich kam .... Paket, auf .... ich so lange gewartet hatte. Dieses Tor, durch .... man in die Burg gelangt, bleibt wegen Bauarbeiten geschlossen. Ein Kind, ... im Unterricht gut mitarbeitet, braucht vieles nicht mühsam zuhause zu lernen.
Wer hat meinen Radiergummi genommen? – .... wird gewiss wieder Erik gewesen sein, der macht .... immer, ohne mich zu fragen.
Mir hat dein Buch sehr gut gefallen. – .... weiß ich, denn du hast mir .... schon erzählt.

ERKLÄRUNG

dass

Ex-Direx Fies meint: „Dieses Problem lässt sich leicht lösen."

↓

Ex-Direx Fies meint, ***dass*** sich dieses Problem leicht lösen lässt.

Regel: **dass** ist ein Bindewort. Es verknüpft Sätze miteinander und kann nicht ersetzt werden. Häufig findest du Sätze mit **dass** nach folgenden Wörtern: *sagen, behaupten, erklären, hören, glauben, meinen, wissen, vermuten, hoffen* und ähnlichen. Oft kommt auch **sodass** vor oder getrennt **so ... dass.**

75 ÜBUNG

Setze in folgende Sätze das Bindewort dass ein und übertrage sie dann in dein Heft. Merke dir immer den ganzen Satz.

Es tut mir Leid, ... wir uns gestern nicht getroffen haben. Aber ich habe vergessen, ... ich dich anrufen sollte. Schade, ... du mich am Handy nicht erreicht hast. Du weißt, ... ich heute zuerst Training habe und dann noch meine Aufgaben erledigen muss. Daher glaube ich nicht, ... ich noch Zeit haben werde. Ich hoffe aber, ... wir morgen für einen Stadtbummel Zeit haben oder .... wir uns bei mir treffen können.

Übungen zum Wiederholen – Vertiefen – (Ab)Sichern in **DURCHSTARTEN – DEIN ÜBUNGSBUCH.**

VISUELLE FÄHIGKEITEN NÜTZEN UND VERBESSERN

Kim-Spiele

Das sind Spiele, bei denen an einer gegebenen Situation etwas verändert wird. Lass dir zB von einem Freund/einer Freundin eine bestimmte Anzahl von Gegenständen zusammenstellen. Diese schaust du dir genau an und versuchst sie dir zu merken. Während du wegschaust, wird die Zusammenstellung der Gegenstände verändert, zB indem ein Gegenstand gegen einen anderen ausgetauscht wird oder ein weiterer Gegenstand hinzugefügt wird. Danach musst du versuchen die Veränderung herauszufinden.

Mind-Map-Methode

Eine von zahlreichen Visualisierungstechniken, mit der du dir einen tollen Überblick zu einem Thema erarbeiten kannst. Gehe folgendermaßen vor:

1. Schreibe das Thema in die Mitte eines unlinierten DIN-A4-Blattes; nimm Querformat.
2. Von der Mitte ausgehend zeichnest du für jeden Hauptpunkt einen eigenen „Ast". Unterpunkte sind Seitenäste zum Hauptast.
3. Verwende Schlüsselwörter/Stichwörter zur Bezeichnung.
4. Veranschauliche deine Mind-Map zusätzlich durch Pfeile, Symbole und Farben.
5. „Fotografiere" deine fertige Mind-Map mit deinen Augen und speichere dieses Bild in deinem Gedächtnis.

Lernkartei

Das Lernen mit einer Lernkartei hilft dir, einen Überblick zu bekommen über das, was du noch lernen musst, und über das, was du schon kannst. Die Beschriftung der Karteikarten mit Worten, Symbolen, Zeichnungen usw. spricht viele deiner Wahrnehmungskanäle an, vor allem sind deine visuellen Fähigkeiten gefordert. Mehr dazu findest du unter www.durchstarten.at/lerntipps

Lernposter

Gestalte zu einem schwierigen Stoffgebiet oder zu Wörtern, die du oft falsch schreibst, ein Übersichtsplakat. Hänge es an einer für dich gut sichtbaren Stelle in der Umgebung deines Arbeitsplatzes auf.

TIPP: Die Innenseite der WC-Tür ist auch ein verdammt guter Platz für so ein Poster!

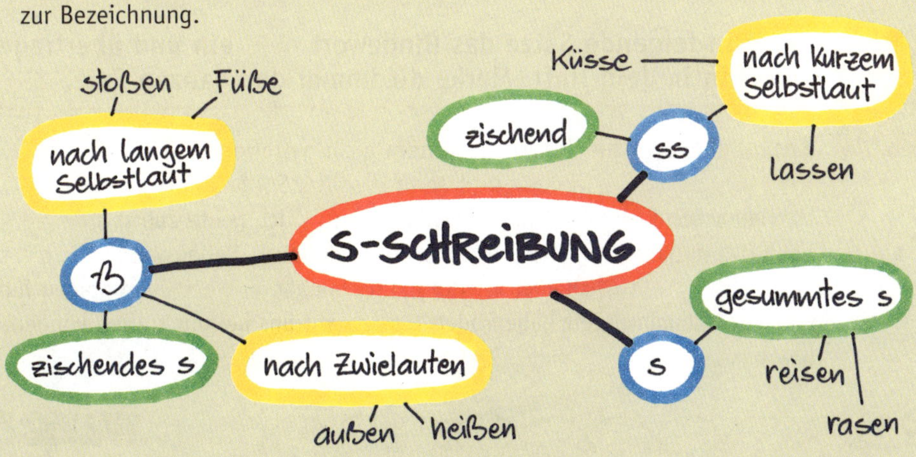

ERKLÄRUNG

den

Ohne **den** Exdirex ist für **den** Unterricht von Miss Minus Sense.

Regel: **den** wird als Artikel (= Begleiter eines Nomens) verwendet.
Du kannst dafür **diesen** einsetzen.

76 ÜBUNG

Verbinde die Satzteile nach folgendem Muster zu sinnvollen Sätzen:

Beispiel: *Ich sehe den Bus.*

Ich sehe Du hörst Die Schauspielerin wartet auf	+	der neue Computer der Auftritt der TV-Star der Bus
Wir helfen	+	die schwächeren Mitschülern die Eltern die Behinderten

- Der Kurier, **den** ***(welchen)*** Sie mir geschickt haben, hat soeben Ihre Wunderpillen gebracht.

Regel: Als Pronomen (Fürwort) steht **den** für ein vorher genanntes Nomen.
Es kann durch andere Wörter ***(diesen, welchen, ihn)*** ersetzt werden.

77 ÜBUNG

Ergänze folgende Sätze:

Hast du schon .... Sportwagen gesehen, ... ich dir gestern beschrieben habe? .... musst du dir unbedingt anschauen!
Nein, für .... habe ich kein so großes Interesse. Wir könnten uns .... ohnehin nicht leisten. Ich bin schon froh, wenn wir .... Mini bekommen, ... man jetzt wieder nachgebaut hat.

...PAUSE!

ERKLÄRUNG

denn

- Emmy ist heute zuhause geblieben. **Sie hat Fieber.**

↓

- Emmy ist heute zuhause geblieben, **denn sie hat Fieber.**

Das Wort **denn** verknüpft zwei Sätze. Es ist ein **Bindewort**.
Der denn-Satz gibt immer einen Grund an.

78 ÜBUNG

Das Kinderfest: Mama Egg lädt mehrere Kinder ein.
Bilde mit folgenden Satzteilen sinnvolle Sätze, warum das Kind gerne kommt oder nicht kommen kann. Verwende dafür das Wort *denn*.

1. Dominik ▶ guter Kuchen
2. Andrea ▶ Termin beim Zahnarzt
3. Holger ▶ mit den Eltern wegfahren
4. Claudia ▶ lustige Spiele
5. Lukas ▶ Basketballtraining
6. Martina ▶ Emmys Katze Minka

- „Was ist **denn** das schon wieder?“

Das Wort **denn** kann auch eine Frage verstärken.

79 ÜBUNG

Schreibe die Sätze in dein Heft und füge beim * das Wort *denn* ein.

1. Wo ist * Sandra heute?
2. Warum hast du * deine Aufgabe noch nicht gemacht?
3. Wann kommst du * endlich einmal zu mir?
4. Wie hast du * das gemacht?

Übungen zum Wiederholen – Vertiefen – (Ab)Sichern in **DURCHSTARTEN – DEIN ÜBUNGSBUCH.**

WIE ÜBE ICH GRAMMATIK?

- Lies dir zuerst die Erklärungen aufmerksam durch.
- Wenn dir ein Wort nicht klar ist, schlag im Stichwortverzeichnis am Ende des Buches nach, wo du den Fachausdruck erklärt findest.
- Auch für diese Übungen gilt: Lies dir zunächst die Aufgabenstellung genau durch, damit du Fehler vermeidest.
- Im Lösungsteil darfst du erst dann nachschlagen, wenn du entweder mit der Übung fertig bist oder dich intensiv um eine Lösung bemüht hast.
- Markiere alle Übungen, bei denen du dich nicht ausgekannt hast, bei denen dir Fehler unterlaufen sind oder die du nur mit Hilfestellung bewältigt hast, mit einem Zeichen (zB einem Kreuz oder einem kleinen Kreis). Diese Übungen solltest du später nochmals versuchen – so lange, bis du sie ohne Hilfe schaffst.
- Genauigkeit ist wichtiger als Tempo!
- Versuche nicht, alles auf einmal zu machen. Gliedere den Stoff in Lerneinheiten. Wir helfen dir dabei durch unsere „Pausen".
- Jeder hat einmal einen schlechten Tag. Wenn du merkst, dass du dich nicht konzentrieren kannst, beginne mit einer Konzentrationsübung. Wenn auch das nichts nützt, verschiebe die Arbeit auf einen anderen Tag.

6. KAPITEL

Verb (Zeitwort)

mailto:exdirex.fies@out.com

Verehrter Ex-Direktor, ich kann seit Tagen nicht mehr schlafen. Ich träume schlecht. Ich wälze mich herum. Gestern sah ich in meinem Traum eine riesige Armee von Rechtschreib-Vorzugsschülerinnen, die vor meinem Kommandoturm im Nachhilfezimmer aufmarschierte. Alle hatten so ein komisches Lernhilfebuch in der Hand: „Durchstarten". Und wer führte die Kolonne an: Enzo. Und wer rief von seinen Schultern zu mir herab: Statt abwarten – durchstarten? Natürlich das Fräulein Schwester. Es war fürchterlich. Wenn nicht bald etwas geschieht, werden die beiden noch glauben, sie schaffen die Schule auch ohne mich!

Zerstörtest, Ihre mm

mailto:miss.minus@1.Klasse

Ich sehe, Sie verlieren die Nerven. Doch keine Sorge, verehrte mm, Hilfe ist unterwegs. Grammatik heißt das Ei, das ich Ihnen heute noch per Post zusenden werde. Nach und nach werden dem Päckchen die fiesesten Kreaturen entschlüpfen. Allen voran die falsche Schlange Verb. Nie sieht sie gleich aus, immer verändert sie ihre Form. Einmal kommt sie kurz daher, dann wieder lang, das nächste Mal schlängelt sie sich in zwei Teilen in unsere Sätze. Auch die Zeit ist für sie kein Hindernis. Einmal taucht sie aus der Vergangenheit in deinem Rücken auf, dann steht sie plötzlich gegenwärtig neben dir, und wenn du schon glaubst, sie zu haben, verschwindet sie feig in die Zukunft ...

Grimmigst, Ihr Ex-Direktor Fies ☹

ERKLÄRUNG

Was ist ein Verb?

Miss Minus **tut** alles, um Enzo und Emmy zu **besiegen.**
Sonst **könnte** ihr Nachhilfejob **flöten gehen.** Mittlerweile **ist** sie jedoch **verzweifelt.**

Die dunkelrot gedruckten Wörter in diesem Text sind ***Verben*** (Zeitwörter).

Regel: **Verben sind Wörter, die Tätigkeiten, Vorgänge oder Zustände ausdrücken.**

TIPP

Um zu überprüfen, ob es sich tatsächlich um ein Verb handelt, kannst du folgende Probe machen:
Verändere das Wort nach dem Muster *„ich gehe – du gehst – er/sie/es geht – wir gehen – ihr geht – sie gehen“.*
Wenn das möglich ist, handelt es sich um ein Verb.

80 ÜBUNG

Schreib die Verben aus dem folgenden Text heraus:

Gespräch zweier Buben: „Meine Schwester ist wirklich ein toller Glückspilz!“ „Und weshalb?“ „Gestern war sie auf einer Geburtstagsparty eingeladen. Die Buben mussten allen Mädchen zur Begrüßung entweder einen Kuss oder eine Tafel Schokolade geben.“ „Und?“ „Sie ist mit 25 Tafeln Schokolade nach Hause gekommen!“

Wenn du diese Übung fehlerfrei geschafft hast, kannst du gleich zum nächsten Kapitel auf Seite 77 gehen.

81 ÜBUNG

Unterstreiche die Verben:

Der Turnlehrer sagt zu Hugo: „Du bist immer so langsam. Du gehst langsam, du redest langsam. Gibt es auch etwas, bei dem du schnell bist?“ „Ja, ich werde schnell müde.“

ERKLÄRUNG

Finite Formen (Personalformen)

An den finiten Formen erkennt man Person und Zahl.
Finite Form heißt eigentlich „bestimmte Form“:

	Singular (Einzahl)	**Plural** (Mehrzahl)
1. Person	ich lern**e**	wir lern**en**
2. Person	du lern**st**	ihr lern**t**
3. Person	er, sie, es lern**t**	sie lern**en**

Je nach der Person ändert sich die **Endung** des Zeitwortes.

Achtung: **Nomen** (Hauptwörter) gelten als 3. Person: **Enzo** (= er) führt die Kolonne an, **Miss Minus** (= sie) träumt schlecht, das **Geschäft** (= es) geht vielleicht unter, die **Durchstarterinnen** (= sie) folgen dem Buch.

82 ÜBUNG

Bestimme Person und Zahl des Verbs:

	Person	Zahl
Robert und Maria spielen im Garten.	3.	Plural
Ich lerne Englisch.	....	....
Er singt in der Badewanne.	....	....
Wir sehen fern.	....	....
Es regnet.	....	....
Ihr seid fleißig.	....	....
Martin fehlt oft in der Schule.	....	....
Du bemühst dich sehr.	....	....
Sie sind glücklich.	....	....
Miss Minus bittet Ex-Direktor Fies um Hilfe.	....	....
Die beiden wollen Enzo und Emmy besiegen.	....	....

ERKLÄRUNG

Der Infinitiv (die Nennform)

Miss Minus kann nicht mehr **schlafen.** Wird sie **untergehen**? Werden Enzo und Emmy weiterhin alle Aufgaben **lösen**? Wird sie das Durchstarten-Buch weiterhin **unterstützen**?

Die rot gedruckten Verben stehen im ***Infinitiv.***

> Der Infinitiv endet auf **-en**, seltener **-eln** oder **-ern**.
> Im Gegensatz zu den finiten Formen kann man beim Infinitiv weder Person noch Zahl erkennen *(„Infinitiv“ heißt eigentlich „unbestimmte Form“).*
>
> Wenn du daher ein Verb im Wörterbuch nachschlagen möchtest, musst du zuerst den Infinitiv bilden.

83 ÜBUNG

Bilde zu folgenden Verben den Infinitiv:

schreibt ► schreiben
singt ► ....
hört ► ....
lügst ► ....
brauche ► ....

fällt ► ....
bist ► ....
geht aus ► ....
leitet ein ► ....
magst ► ....

84 ÜBUNG

Buchstabensalat! Die Buchstaben im Raster ergeben ein Verb im Infinitiv. Suche die versteckten Verben.

G	A	K
L	N	E

klagen

E	Ä	L	E
H	R	Z	N

....

H	A	R
F	E	N

....

H	E	E	S
N	C	R	P

....

85 ÜBUNG

Welches Wort passt nicht in die Reihe?

stellen – springen – klettern – fliegt – setzen

...PAUSE!

ERKLÄRUNG

Die Zeitstufen

Es gibt folgende Zeitstufen:

Vergangenes	Gegenwärtiges	Zukünftiges
was geschehen ist	was jetzt geschieht	was geschehen wird
Enzos Vorfahren haben mit der Keule gekämpft.	Enzo kämpft um eine gute Deutsch-Note.	Enzo wird als Astronaut gegen UFOs kämpfen.

86 ÜBUNG

Bestimme die Zeitstufe in folgenden Sätzen:

Beispiel: Miss Minus <u>träumt</u> schlecht. ▶ *Gegenwärtiges*

1. Ex-Direktor Fies wird sich immer wieder etwas Neues einfallen lassen.
2. Hast du für die Schularbeit gelernt?
3. Er liegt im Bett.
4. Wird sich die Nationalmannschaft für die WM qualifizieren?
5. Andreas klettert auf einen Baum.
6. Wolfgang war letzte Woche krank.

Regel: *Die 3 Zeitstufen können durch verschiedene Zeitformen ausgedrückt werden:*
1. Für **Gegenwärtiges** verwendet man das **Präsens** (die Gegenwart); zB *er lernt.*
2. Für **Zukünftiges** verwendet man das **Futur** (die Zukunft); zB *er wird lernen.*
3. Für **Vergangenes** verwendet man das **Perfekt** (die Vergangenheit; zB *er hat gelernt*), das **Präteritum** (die Mitvergangenheit; zB *er lernte*) oder das **Plusquamperfekt** (die Vorvergangenheit; zB *er hatte gelernt*).

ERKLÄRUNG

Die Zeitformen

Das Präsens (die Gegenwart)

Das Präsens kann Folgendes ausdrücken:

- **Gegenwärtiges:** Miss Minus **schreibt** gerade ein E-Mail an Ex-Direktor Fies.
- Etwas, das sich **regelmäßig wiederholt** oder **immer gültig** ist:
  Immer wieder **bereiten** ihr Enzo und Emmy Kopfzerbrechen.
  Wasser **siedet** bei 100° Celsius.
- **Zukünftiges:** Nächste Woche **gibt** Miss Minus einen schwierigen Test.
- **Vergangenes:** Im Mai 1945 **ist** es so weit: Deutschland **kapituliert**.

87 ÜBUNG

Bestimme in folgenden Sätzen, was das Präsens ausdrückt.

Beispiel: Mona geht jeden Tag in die Schule. ▶ *etwas, was sich regelmäßig wiederholt*

1. Wir fahren im nächsten Urlaub an die Ostsee.
2. Lukas kommt gerade aus dem Haus.
3. Jeden Morgen muss Elisabeth um 6 Uhr aufstehen.
4. Morgen feiere ich meinen elften Geburtstag.
5. Im Jahr 44 v. Chr. wird Caesar ermordet.

Das Futur (die Zukunft)

- Miss Minus **wird** sich schwierigere Aufgaben für Enzo und Emmy **ausdenken**.
- Sie und Ex-Direktor Fies **werden** vielleicht gemeinsam die Egg-Zwillinge **unterrichten**.

▶ Das Futur drückt **Zukünftiges** aus; es ist eine zweiteilige Zeitform.
▶ Das Futur wird mit **werden** und dem **Infinitiv** gebildet.

88 ÜBUNG

Bilde das Futur:

1. ich beginne ▶ *ich werde beginnen*
2. du isst ▶ ....
3. wir helfen ▶ ....
4. ihr lauft ▶ ....
5. er schwimmt ▶ ....
6. sie rufen ▶ ....

Das Präteritum (die Mitvergangenheit)

- Miss Minus **träumte** etwas Schlimmes:
- Enzo **führte** eine Armee von DurchstarterInnen an. Alle **jubelten** ihm zu.

> ▶ Das Präteritum drückt **Vergangenes** aus.
> ▶ Es wird verwendet, wenn man etwas erzählt.
> ▶ Es wird bei den meisten Verben mit **-t-** gebildet (zB lernte).
> ▶ Solche Verben nennt man **schwache** oder **regelmäßige Verben**.

89 ÜBUNG

Bilde das Präteritum:

sie packen	▶	*sie packten*	ihr lernt	▶	....
ich rede	▶	....	sie fragt	▶	....
er macht	▶	....	wir hören	▶	....
sie arbeiten	▶	....	du hoffst	▶	....
wir siegen	▶	....	ich grüße	▶	....

- Auf den Schultern Enzos **saß** Emmy. Sie **ließ** sich von allen feiern.
- Miss Minus **unternahm** alles, um die beiden zu besiegen, aber vergeblich.

> ▶ Bei einem Teil der Verben bildet man das Präteritum, indem man den Stammvokal verändert (zB l**e**sen – l**a**s, gr**a**ben – gr**u**b).
> ▶ Solche Verben nennt man **starke** oder **unregelmäßige Verben**.
> Der Stammvokal ist der betonte Vokal im Wortstamm.
> Den erhältst du, wenn du vom Infinitiv **-en** weglässt, zB grab~~en~~.

90 ÜBUNG

Bilde das Präteritum: Wenn du dir nicht sicher bist, kannst du im Wörterbuch nachschlagen, und zwar entweder unter dem Stichwort selbst oder im Regelteil in der Liste der starken Verben.

ich singe	▶	*ich sang*	ich schneide	▶	....
er bleibt	▶	....	sie schreibt	▶	....
wir fliegen	▶	....	sie lügen	▶	....
du gehst	▶	....	ihr trinkt	▶	....

TIPP

Trag alle Wörter, von denen du das Präteritum nicht weißt, in ein Heft ein *(im Präsens und im Präteritum)*. Bitte nun deine Eltern, Geschwister oder Freunde, dich von Zeit zu Zeit abzuprüfen. Was du gekonnt hast, wird abgehakt. Bei vier Häkchen kannst du das Wort streichen.

...PAUSE!

91 ÜBUNG

Setze die Personalformen ins Präteritum (zB stellt ▶ stellte) und schreib den Text auf. Unterstreiche die Präteritumformen.
(Wenn du dir nicht sicher bist, kannst du im Wörterbuch nachschlagen.)

Vor einem großen Walde wohnt ein armer Holzhacker mit seiner Frau und seinen zwei Kindern; das Bübchen heißt Hänsel und das Mädchen Gretel. Er hat wenig zu beißen und zu brechen, und einmal, als große Teuerung ins Land kommt, kann er das tägliche Brot nicht mehr schaffen. Wie er sich nun abends im Bette Gedanken macht und sich vor Sorgen herumwälzt, seufzt er und spricht zu seiner Frau: [...]
Als der Tag anbricht, noch ehe die Sonne aufgeht, kommt schon die Frau und weckt die beiden Kinder. Dann gibt sie jedem ein Stückchen Brot. Gretel nimmt das Brot unter die Schürze, weil Hänsel die Steine in der Tasche hat. Danach machen sie sich alle zusammen auf den Weg nach dem Wald. Nach einem Weilchen steht Hänsel still und guckt nach dem Haus zurück und tut das wieder und immer wieder. Dabei wirft er einen von den blanken Kieselsteinen aus seiner Tasche auf den Weg.

Überprüfe nun die Verbformen. Wenn du keinen Fehler hast, brauchst du die nächste Übung nicht mehr zu schreiben. Unterstreiche einfach die Personalformen und schreib die Formen des Präteritums in einer Liste auf.

92 ÜBUNG

Fortsetzung:

Sie kommen mitten in den Wald. Hänsel und Gretel tragen Reisig zusammen, einen kleinen Berg hoch. Das Reisig wird angezündet, und als die Flamme recht hoch brennt, setzen sich Hänsel und Gretel um das Feuer, und als der Mittag kommt, isst jedes sein Stücklein Brot. Und weil sie die Schläge der Holzaxt hören, so glauben sie, ihr Vater wär' in der Nähe. Es ist aber nicht die Holzaxt, es ist ein Ast, den der Wind hin und her schlägt. Schließlich fallen ihnen die Augen vor Müdigkeit zu und sie schlafen fest ein. Als sie endlich erwachen, ist es schon finstere Nacht. Gretel fängt an zu weinen. Hänsel nimmt sein Schwesterchen an der Hand und geht den Kieselsteinen nach, die schimmern wie neugeschlagene Münzen und zeigen ihnen den Weg. Sie gehen die ganze Nacht hindurch und kommen bei anbrechendem Tag wieder zu ihres Vaters Haus.

93 ÜBUNG

Suche Reimwörter. Übertrage die Tabelle auch ins Heft.

ich schnitt ▶	r *itt*	l	str	schr ....
er schoss ▶	fl	g	gen	verdr ....
sie bogen ▶	l	z	fl	w ....
er aß ▶	fr	s	m	verg ....
sie nannten ▶	r	br	k	
ich blieb ▶	tr	schr	r	
ich kniff ▶	pf	schl	gr	

94 ÜBUNG

Kurt hat folgenden Text geschrieben:

Da hat das Glöckchen geläutet und wir sind nach oben gestürmt, wo der Christbaum gestanden ist. Wir haben Weihnachtslieder gesungen. Plötzlich ist alles verstummt, Papa hat geschrien: „Bringt die Geschenke weg!" Der Christbaum hat gebrannt, die Glaskugeln sind laut zerplatzt. Ich bin in den Keller gerannt und mit einem Feuerlöscher wieder nach oben gekommen. Ich habe ihn betätigt, aber nur das Kreuz oben am Baum getroffen. Inzwischen hat sich das Feuer schon auf den Teppich ausgebreitet. Doch da sind Papa und Opa gekommen, haben den Christbaum genommen und zum Fenster hinaus in den Schnee geworfen. Ich habe es noch einmal mit dem Feuerlöscher versucht und diesmal hat es geklappt: Ich habe das Feuer auf dem Teppich gelöscht.

Bei der Rückgabe sagt der Lehrer: „Du hast eine ungünstige Zeitform verwendet. Du musst so oft *hat* und *ist* schreiben. Das geht einfacher." Welche Zeitform hätte Kurt verwenden können? – Schreib den Text ab, setze aber die Personalformen ins Präteritum und unterstreiche sie.

95 ÜBUNG

Wie lautet der Satz, wenn du ihn von rechts nach links liest? Schreib ihn in richtiger Groß- und Kleinschreibung auf. Unterstreiche die Verben, die im Präteritum stehen.

.bualrufuagnigdnusunimssimetgas, "suarhemthcinhcietlahsad„

Das Perfekt (die Vergangenheit)

■ Miss Minus **hat** alles **versucht**. Ex-Direktor Fies **ist** ihr mit seinem Rat zur Seite **gestanden**.

▶ Das Perfekt drückt **Vergangenes** aus; es ist eine zweiteilige Zeitform.
▶ Es wird mit den Hilfsverben **haben** oder **sein** und dem **2. Partizip** *(2. Mittelwort)* gebildet.

Hilfsverb	2. Partizip
hat	versucht
ist	gestanden

2. Partizip:
bei **schwachen Verben** mit der Endung **-t** ▶ zB versuch**t**,
bei **starken Verben** mit der Endung **-en** ▶ zB gestand**en**.

96 ÜBUNG

Bilde das Präteritum und das Perfekt:

Präsens	Präteritum	Perfekt
ich lerne	*ich lernte*	*ich habe gelernt*
er fährt	....	....
wir sitzen	....	....
sie stehen	....	....
ich esse	....	....
sie denkt nach	....	....
ihr fliegt	....	....
wir sehen	....	....
ich halte	....	....
sie reiten	....	....
er stirbt	....	....
du grüßt	....	....

schreiben – schrieb – geschrieben
Stammformen starker (unregelmäßiger) Verben

Die Stammformen eines Verbs sind:

Infinitiv	Präteritum	2. Partizip
schreiben	schrieb	geschrieben

Wenn man diese Stammformen kennt, kann man fast alle Formen eines Verbs bilden.

97 ÜBUNG

Bilde die Stammformen:

Infinitiv	Präteritum	2. Partizip
befehlen	befahl	befohlen
sinken		
heißen		
streiten		
fließen		
helfen		
lassen		
steigen		
greifen		
schreien		
verderben		
lügen		
fallen		
bieten		
stehlen		

Übungen zum Wiederholen – Vertiefen – (Ab)Sichern in **DURCHSTARTEN – DEIN ÜBUNGSBUCH.**

98 ÜBUNG

Wenn du bei dieser Übung einige Formen nicht gekannt hast, solltest du die Stammformen der wichtigsten Verben lernen.

TIPP

Geh so vor:

1. Schlag das Wörterbuch oder eine Grammatik *(Kapitel über die Stammformen der starken Verben)* auf.
2. Schreib die Stammformen heraus, die du nicht weißt.
3. Überprüfe, ob du dir die herausgeschriebenen Stammformen gemerkt hast.
4. Schreib die Stammformen, die du noch immer nicht weißt, nochmals auf.
5. Fahre nach diesem Schema so lange fort, bis du alle Formen beherrschst.

Das Ganze sollst du natürlich nicht an einem einzigen Tag machen.
Nimm dir für jeden Tag 10 Wörter vor.

1. Tag	**3. Tag**	**5. Tag**	**7. Tag**
befehlen	gehen	reiten	stehlen
beginnen	gelingen	rufen	steigen
beißen	geschehen	scheinen	sterben
biegen	gewinnen	schieben	stinken
bieten	graben	schießen	stoßen
binden	greifen	schlafen	streiten
bitten	halten	schlagen	tragen
bleiben	heißen	schließen	treffen
brechen	helfen	schneiden	treiben
empfehlen	kommen	schreiben	treten
2. Tag	**4. Tag**	**6. Tag**	**8. Tag**
essen	lassen	schreien	trinken
fahren	laufen	schwimmen	verderben
fallen	leihen	sehen	vergessen
fangen	lesen	singen	verlieren
finden	liegen	sinken	wachsen
fliegen	lügen	sitzen	waschen
fliehen	messen	sprechen	werben
fließen	nehmen	springen	werfen
fressen	raten	stechen	ziehen
geben	reißen	stehen	zwingen

Das Plusquamperfekt (die Vorvergangenheit)

- Nachdem Miss Minus im Traum eine Armee von DurchstarterInnen **begegnet war**, bekam sie Angst.
- Weil sie schlecht **geträumt hatte**, bat sie Ex-Direktor Fies um Hilfe.

> ▶ Vergangenes wird im Präteritum erzählt.
> ▶ **Etwas, das vorher geschehen ist**, steht im **Plusquamperfekt.**
> ▶ Wie wird das Plusquamperfekt gebildet?

Präteritum von **haben** oder **sein**	+	**2. Partizip**
sie hatte		geträumt
sie war		begegnet

99 ÜBUNG

Bilde das Plusquamperfekt:

1. ich laufe ▶ *ich war gelaufen*
2. du schreibst ▶ ....
3. er geht ▶ ....
4. wir singen ▶ ....
5. ihr lernt ▶ ....
6. sie ist fröhlich ▶ ....
7. es wird besser ▶ ....

100 ÜBUNG

Schreib die Sätze ins Heft. Setze die Verben, die in Klammern stehen, ins Plusquamperfekt:

1. Nachdem der Mechaniker unser Auto *(reparieren)*, konnten wir unsere Reise fortsetzen.
2. Georg wurde von seinen Mitschülern beneidet, weil er bei der Laufolympiade *(gewinnen)*.
3. Als wir am See *(ankommen)*, liefen wir gleich zum Wasser.
4. Nachdem Sabine den Roman im Bett zu Ende *(lesen)*, schlief sie ein.
5. Joachim bekam eine schlechte Note, obwohl er sich sehr *(bemühen)*.

ZUSAMMENFASSENDE ÜBUNGEN

Zeitformen

101 ÜBUNG

Ausdauer gefragt! Bilde von folgenden Verben die fehlenden Zeitformen und trage sie in eine Tabelle (im Heft) ein.

ich beginne, wir halten, sie schießen, du trägst, es bricht, sie finden, er liest, ihr lauft, wir trinken, ich bitte

Präsens	Präteritum	Perfekt	Plusquamperfekt	Futur
ich beginne	*ich begann*	*ich habe begonnen*	*ich hatte begonnen*	*ich werde beginnen*

102 ÜBUNG

Welche Form passt nicht in die Reihe?

1. hat angerufen / hat gearbeitet / spielt / hat befohlen / hat geholfen
2. hat geschrieben / hat gelesen / ist gelaufen / hat genommen / hat gegeben
3. baut / schreit / versteckt / wird fühlen / gießt
4. hob / forderte / aß / ritt / schwamm
5. zögert / wird lernen / wird bleiben / wird sehen / wird faulenzen
6. raufen / streiten / schmeicheln / startet / fahren
7. Schaut! / naschen / Beginnt! / Springt! / Antwortet!
8. Komm! / Horch! / Nimm! / Fahr! / Lauft!
9. ich grabe / er klettert / sie schimpft / es regnet / sie lobt
10. du bestimmst / er mahnt / wir singen / ihr gehorcht / sie werden verlieren
11. ich habe aufgezeigt / du hast geredet / sie flehte / er hat geweint / wir haben geholfen

103 ÜBUNG

Buchstabensalat! Kannst du die Präteritumformen herausfinden, die hier versteckt sind?

R U H F   H A S   T I S C H N T

T I E R   H E I L   B L E I B

W A S C H M M   F I E R   S A L

Geh! Geht! Gehen Sie! –
Der Imperativ (die Befehlsform)

▶ Wie wird der Imperativ gebildet?
Um den Imperativ zu bilden, brauchst du den Stamm des Verbs.
Das ist der **Infinitiv ohne -en**. Zu *bleiben* lautet der Stamm *bleib*.
Singular (Einzahl): **Stamm mit oder ohne -e**, zB: *Bleib! Bleibe!*
Plural (Mehrzahl): **Stamm + -t oder -et**; zB: *Bleibt! Betet!*
In der höflichen Anrede wird der Imperativ meist mit **Infinitiv + Sie** gebildet: *Bleiben Sie!* („Sein" wird zu „seien": *Seien Sie vorsichtig!*)

▶ Beachte: Bei den starken Verben mit dem Stammvokal **e** (zB w**e**rfen) wird **e** zu **i** oder **ie**:
werfen – wirf, sehen – sieh.

104 ÜBUNG

Bilde in folgenden Sätzen den Imperativ.
Schreib die Sätze in dein Übungsheft.

Beispiele: Du sollst deinen Freunden helfen! ▶ *Hilf deinen Freunden!*
Ihr müsst jetzt anfangen! ▶ *Fangt jetzt an!*
Sie dürfen hier nicht rauchen. ▶ *Rauchen Sie hier nicht!*

1. Ihr müsst die Haustiere füttern!
2. Ihr dürft nicht mit vollem Magen schwimmen!
3. Sie dürfen keinen Alkohol trinken!
4. Du musst dein Zimmer noch aufräumen!
5. Du darfst nicht stehlen!
6. Ihr müsst Brot und Milch vom Bäcker holen!
7. Sie müssen pünktlich sein!
8. Sie sollen weniger essen!
9. Du musst nach Hause gehen!
10. Du darfst nicht dauernd schwätzen!
11. Ihr müsst euch einmal ordentlich waschen!
12. Sie dürfen sich nicht vor ihm fürchten!
13. Du darfst nicht schwindeln!
14. Ihr müsst auch an eure Eltern denken!
15. Sie dürfen nicht zu lange im Wasser bleiben!

Übungen zum Wiederholen – Vertiefen – (Ab)Sichern in DURCHSTARTEN – DEIN ÜBUNGSBUCH.

...PAUSE!

ich schlafe – du schläfst – er schläft
Besonderheiten starker (unregelmäßiger) Verben

▶ Bei starken Verben ändern sich die Stammvokale **a** und **o** in der 2. und 3. Person Singular:

a wird zu **ä**: ich schlafe ▶ du schläfst – er schläft
au wird zu **äu**: ich laufe ▶ du läufst – er läuft
o wird zu **ö**: ich stoße ▶ du stößt – er stößt

▶ Vorsicht! Es heißt: du schläfst, läufst, stößt, aber im Plural:
ihr schlaft, lauft, stoßt
Bei schwachen Verben bleibt das **a** erhalten:
ich lache ▶ du lachst – er lacht

105 ÜBUNG

Bilde die 2. und 3. Person Singular:

ich fahre	du fährst	er fährt
ich backe	....	....
ich falle	....	....
ich fange	....	....
ich saufe	....	....
ich blase	....	....

▶ Bei einigen starken Verben wird der Stammvokal **e** zu **i** oder **ie**, und zwar in der 2. und 3. Person Singular sowie beim Imperativ Singular:
ich werfe ▶ du wirfst – er wirft – wirf!
ich lese ▶ du liest – er liest – lies!

106 ÜBUNG

Bilde die 2. und 3. Person Singular:

ich verberge	du verbirgst	er verbirgt	Verbirg!
ich breche	....	....	....
ich messe	....	....	....
ich nehme	....	....	....
ich empfehle	....	....	....
ich spreche	....	....	....

7. KAPITEL

Nomen (Hauptwort)

mailto:exdirex.fies@out.com

Sieben Leben hatte die Schlange – und alle haben sie ihr genommen. Der Triumph der Egg-Zwillinge war beispiellos. Sie kamen, sahen und siegten. Ich musste die Niederlage meines geliebten Grammatik-Monsters mit eigenen Augen mitansehen. Die Niederlage hat mich jetzt in eine schwere Depression gestürzt. Wie soll ich mich je wieder erholen?

Verzweifeltst, Ihre mm

mailto:miss.minus@1.Klasse

Keine Panik, liebe mm! Ich habe Nomen, den dreiköpfigen Drachen, per sms um Hilfe gebeten. Er ist mit einem Kopf ein Mann, mit einem eine Frau und mit dem dritten ein neutrales Wesen. Er/sie/es ist der Richtige für alle 4 Fälle.
Nomen ist von einer 1. Klasse noch nie besiegt worden. Ein paar Aufgaben als Beweis gefällig?

- Wie heißt es in der Mehrzahl richtig?
  - die Nudelsuppen/die Nudelnsuppe/die Nudelnsuppen/die Nudelsuppe
- Wie heißt die Mehrzahl von Mantel?
  - die Manteln/die Mäntel/die Mandeln/die Mantels?
- An welchem Einzahl-/Mehrzahlpaar ist etwas falsch?
  - Schulklasse/Schulklassen
  - Sportass/Sportassen

Ihr Ex-Direktor Fies ☹

ERKLÄRUNG

Wie kannst du Nomen erkennen?

- Zu Nomen kannst du den bestimmten **Artikel** (der, die, das) oder den unbestimmten Artikel (ein, eine) als Begleiter setzen,
  zB: **Der** Ex-Direktor schickte **eine** Schlange und **ein** dreiköpfiges Ungeheuer.
- Du kannst ein Nomen in den **Plural** (die Mehrzahl) setzen:
  der Ex-Direktor – die **Ex-Direktoren**, die Schlange – die **Schlangen**,
  das Ungeheuer – die **Ungeheuer**
- Du kannst ein Nomen in **4 Fälle** setzen, zB:
  der Ex-Direktor, des Ex-Direktors, dem Ex-Direktor, den Ex-Direktor

107 ÜBUNG

Im folgenden Text sind alle Wörter kleingeschrieben.
Du hast nun zwei Aufgaben zu erledigen:

1. **Unterstreiche die Nomen.**
2. **Schreib den Text mit richtiger Groß- und Kleinschreibung in dein Heft.**

seit tagen herrscht schwerer sturm auf der kreuzfahrt. immer weniger gäste kommen in den speisesaal. „soll ich ihnen das essen in der kabine servieren?", fragt der steward einen gast. „nein danke", würgt der seekranke passagier hervor. „werfen sie es bitte gleich über bord!"

108 ÜBUNG

Wie vorige Übung. Wenn du die letzte Übung ohne Fehler geschafft hast, kannst du diese Nummer auslassen.

„na, zufrieden?", fragt der arzt nach der schönheitsoperation. „nicht ganz", antwortet die patientin. „ich hätte gern größere augen." „kein problem", sagt der arzt und wendet sich an seine assistentin. „geben sie der dame bitte die rechnung."

109 ÜBUNG

Welche Nomen sind hier versteckt?

S C H I T   R R E H   L A N S C H E G

R A U M E   T R A H F   S A U H   D U H N

ERKLÄRUNG

Der Mann – die Frau – das Kind
Geschlecht und Artikel des Nomens

Beim Nomen gibt es 3 Geschlechter und für jedes Geschlecht einen eigenen bestimmten Artikel:

1. **Maskulinum** (männliches Geschlecht) ▶ **der** Mann
2. **Femininum** (weibliches Geschlecht) ▶ **die** Frau
3. **Neutrum** (sächliches Geschlecht) ▶ **das** Kind

Beim Artikel gibt es zwei Arten:
1. **bestimmter** Artikel: **der**, **die**, **das**
2. **unbestimmter** Artikel: **ein**: **ein** Mann, **eine** Frau, **ein** Schwert

TIPP

Wenn du dir nicht sicher bist, welchen Artikel ein Nomen verlangt, dann schlag in deinem Wörterbuch nach. Bei Nomen ist dort nach dem Stichwort der richtige Artikel angeführt.
Der Eintrag zu „Hammer" lautet beispielsweise:
Ham|mer ***der***; ***-s***, Hämmer
Das bedeutet: Silbentrennung: Ham=mer;
Artikel: ***der***; Genitiv: des Hammer**s**; Plural: die Hämmer

110 ÜBUNG

Ergänze den bestimmten Artikel und schreib das Geschlecht dazu. *(Manche Wörter können verschiedene Artikel haben.)*

der	Vater	▶	*Mask.*	....	Benzin	▶	....
....	Sofa	▶	....	....	Monat	▶	....
....	Teer	▶	....	....	Radio	▶	....
....	Thermometer	▶	....	....	Teller	▶	....
....	Zucker	▶	....	....	Tunnel	▶	....
....	Kilogramm	▶	....	....	Liter	▶	....

Übungen zum Wiederholen – Vertiefen – (Ab)Sichern in DURCHSTARTEN – DEIN ÜBUNGSBUCH.

...PAUSE!!

ERKLÄRUNG

Der Schild – das Schild
Mehrere Artikel für ein Nomen

Bei manchen Wörtern ändert sich je nach der Bedeutung der Artikel:

der Schild

das Schild

111 ÜBUNG

Achtung! Schwierige Aufgabe!
Ergänze die Artikel. Schreib kurz dazu, was das Wort bedeutet.
Schlag im Wörterbuch nach, wenn dir nicht beide Artikel einfallen.

Du kannst aus folgenden kurzen Bedeutungsangaben wählen:
Person, die erbt / Abgabe an den Staat / Kloster / Lenkvorrichtung / Meer / Melodie / Nachricht / Person an der Spitze (zB Abteilungsleiter) / Person, die in einem Geschäft kauft / Schreibgerät / sehr intelligente Person / stehendes Binnengewässer / Steighilfe / was man erbt

die	Erkenntnis	▶ *Einsicht*	*das*	Erkenntnis	▶ *richterliches Urteil*
......	Erbe	▶	......	Erbe	▶ ....
......	See	▶	......	See	▶ ....
......	Stift	▶	......	Stift	▶ ....
......	Kunde	▶	......	Kunde	▶ ....
......	Leiter	▶	......	Leiter	▶ ....
......	Steuer	▶	......	Steuer	▶ ....
......	Weise	▶	......	Weise	▶ ....

...PAUSE!

ERKLÄRUNG

Der Mann – die Männer
Singular (Einzahl) und Plural (Mehrzahl)

Der Plural kann auf verschiedene Arten gebildet werden.
Die folgende Übersicht soll dir das verdeutlichen:

Singular	Plural	Singular	Plural
der Tischler	die Tischler	die Blume	die Blume**n**
der Hund	die Hund**e**	der Bär	die Bär**en**
der Graben	die Gr**ä**ben	der Mann	die M**ä**nn**er**
das Auto	die Auto**s**		

112 ÜBUNG

Bilde den Plural. *(Wenn du dir nicht sicher bist, schlag im Wörterbuch nach.)*

Singular	Plural	Singular	Plural
der Brief	die Briefe	der Park	....
der Boden	....	das Radio	....
das Buch	....	das Lamm	....
das Mädchen	....	das Bad	....
das Interesse	....	der Schal	....
der Mensch	....	das Amt	....

113 ÜBUNG

Kannst du die Vokale ergänzen, sodass Fachbegriffe aus der Grammatik herauskommen?

S N G L R   P L R L   M S K L N M

F M N N M   N T R M   N M N   V R B

P R S N S   P R T R T M   F T R

P L S Q M P R F K T   N F N T V

M P R T V   R T K L

...PAUSE!

ERKLÄRUNG

Die Worte – die Wörter
Besonderheiten der Pluralbildung

Manchmal gibt es für ein Wort zwei Pluralformen:

der Wagen → die **Wagen** / die **Wägen**

Mitunter haben diese verschiedenen Pluralformen auch verschiedene Bedeutungen: Der Unterschied zwischen „**Worten**“ und „**Wörtern**“ zB besteht darin, dass „Worte“ einen zusammenhängenden Text ergeben *(„Der Redner richtete einige Worte an das Publikum“)*, „Wörter“ jedoch unabhängig voneinander stehen *(„Wörter in einem Wörterbuch“)*.

114 ÜBUNG

Achtung! Schwierige Übung! Bilde beide Pluralformen.
(Wenn dir nicht beide einfallen, schlag im Wörterbuch nach.)

die Bank, die Mutter, der Strauß, der Mann, das Denkmal, das Mahl, der Kran, das Ross, der Geschmack

ERKLÄRUNG

Der Plural von Nomen auf -el

	männlich	sächlich	weiblich
Singular	der Mant**el**	das Sieg**el**	die Schacht**el**
Plural	die Mänt**el**	die Sieg**el**	die Schacht**eln**
	Plural ohne Endung		**Plural mit Endung**
	Ausnahmen		die Musk**eln** die Stach**eln** die Pantoff**eln**

115 ÜBUNG

Bilde den Plural:

der Apfel	*die Äpfel*	die Achsel	....
das Kapitel	....	der Büffel	....
die Nadel	....	der Muskel	....
der Vogel	....	der Stachel	....

ERKLÄRUNG

Der Mann – des Mannes – dem Mann – den Mann
Die Fälle

Ex-Direktor Fies will Miss Minus verteidigen.
Wer will Miss Minus verteidigen?
Nominativ (**1. Fall** oder **Werfall**); Frage: Wer oder was?

Die Pläne des Ex-Direktors gefährden Enzo und Emmy.
Wessen Pläne gefährden Enzo und Emmy?
Genitiv (**2. Fall** oder **Wesfall**); Frage: Wessen?

Miss Minus schickt dem Ex-Direktor laufend E-Mails.
Wem schickt Miss Minus laufend E-Mails?
Dativ (**3. Fall** oder **Wemfall**); Frage: Wem?

Er will Miss Minus unterstützen.
Wen will der Ex-Direktor unterstützen?
Akkusativ (**4. Fall** oder **Wenfall**); Frage: Wen oder was?

Folgende Tabellen geben dir eine Übersicht:

Singular	Maskulinum	Femininum	Neutrum
Nominativ	der Mann	die Frau	das Kind
Genitiv	des Mannes	der Frau	des Kindes
Dativ	dem Mann	der Frau	dem Kind
Akkusativ	den Mann	die Frau	das Kind
Nominativ	ein Mann	eine Frau	ein Kind
Genitiv	eines Mannes	einer Frau	eines Kindes
Dativ	einem Mann	einer Frau	einem Kind
Akkusativ	einen Mann	eine Frau	ein Kind

Plural	Maskulinum	Femininum	Neutrum
Nominativ	die Männer	die Frauen	die Kinder
Genitiv	der Männer	der Frauen	der Kinder
Dativ	den Männern	den Frauen	den Kindern
Akkusativ	die Männer	die Frauen	die Kinder

Im Plural ist der bestimmte Artikel bei allen drei Geschlechtern gleich.
Vom unbestimmten Artikel gibt es keinen Plural.
Die Veränderung der Nomen wie in den obigen Tabellen nennt man **Deklination.**

ERKLÄRUNG

Sie vertraut ihm – sie liebt ihn
Dativ oder Akkusativ?

Bist du dir manchmal unsicher, ob du ein **m** (für den Dativ Singular) oder **n** (für den Akkusativ Singular) an ein Wort anhängen musst? In diesem Fall gibt es folgende Hilfen:

- **Fragen:** Heißt es „**Wem** vertraut sie?" oder „**Wen** oder **was** vertraut sie?"
  Die richtige Frage lautet natürlich: **Wem** vertraut sie?
  Daher ist der Dativ zu verwenden: Sie vertraut **ihm.**
  Beim 2. Satz heißt die Frage „**Wen** liebt sie?" ▶ Akkusativ ▶ Sie liebt **ihn.**
- **Ersatzprobe** mit **mir** (Dativ) oder **mich** (Akkusativ):
  Heißt es „Sie vertraut **mir**" oder „Sie vertraut **mich**"?
  Richtig ist natürlich: Sie vertraut **mir.**
  Daher ist der Dativ zu verwenden: Sie vertraut **ihm.**
  Beim zweiten Satz heißt es „Sie liebt **mich.**" ▶ Akkusativ ▶ Sie liebt **ihn.**

116 ÜBUNG

Ergänze die Endungen. *(Verwende nur den Singular.)* **Stelle in jedem Satz die Frage nach dem Dativ bzw. Akkusativ.**

1. Miss Minus pflichtete d......... Ex-Direktor bei.
2. Der Ex-Direktor schult ein......... neu......... Mitarbeiter ein.
3. Wird der Ritter d......... Drach......... unterliegen?
4. Die Polizei überführte d......... Mörder.
5. Schlechte Freunde hatten d......... Mann die schlimme Tat eingeredet.
6. Die Polizei übergab d......... Gericht ein......... neu......... Beweis.
7. Der Vater schärfte sein......... Sohn ein, sich an die Verkehrsregeln zu halten.
8. Der Hund zerbiss d......... Knochen.
9. Der Verkäufer empfahl sein......... Kunden ein......... blau......... Anzug.
10. Peter näherte sich d......... Mädchen.
11. Das Mädchen wies d......... Jung......... jedoch zurück.
12. Der Arzt flößte d......... Patient......... die Medizin ein.

Übungen zum Wiederholen – Vertiefen – (Ab)Sichern in **DURCHSTARTEN – DEIN ÜBUNGSBUCH.**

117 ÜBUNG

Ergänze ein passendes Wort mit der entsprechenden Fallendung für den Dativ oder Akkusativ Singular.

1. Markus besucht ....
2. Das Publikum applaudierte ....
3. Lisa hört .... nicht zu.
4. Franz sieht ....

118 ÜBUNG

Welches Wort passt nicht in die Reihe?

1. der Fliege – dem Sieger – der Gefahr – das Geschrei
2. den Boden – den Hahn – den Fuchs – dem Wurm
3. dem Herzog – der Ebene – dem Wald – dem Land
4. der Kette – der Keule – dem Schwanz – der Stadt

ERKLÄRUNG

Mit den Kindern – der Dativ Plural

Wenn du dir die Tabellen auf Seite 97 ansiehst, kannst du feststellen, dass im Plural nur der Dativ eine eigene Endung hat:
den Männer**n**, den Kinder**n**.
Auf den Dativ muss man daher besonders achten.

119 ÜBUNG

Ergänze die Endung für den Dativ Plural:

1. Miss Minus hat d........ Schüler........ gemeine Übungen gegeben.
2. Ex-Direktor Fies hat sein........ Freund........ ein E-Mail geschickt.
3. Robert beichtete sein........ Elter........ , dass er die Vase zerbrochen hatte.
4. Die Tour de France verlangt d........ Radfahrer........ das Letzte ab.
5. Die Polizei wies d........ Einbrecher........ die Tat nach.
6. Der Trainer traut sein........ Spieler........ einiges zu.
7. Lisa flüsterte ihr........ Mitschülerin........ während des Unterrichts etwas zu, doch die verstanden sie nicht.
8. D........ Bewohner........ des Ortes gefällt die Müllverbrennungsanlage gar nicht.

8. KAPITEL

Adjektiv (Eigenschaftswort)

ERKLÄRUNG

Was ist ein Adjektiv?

Ist Miss Minus **hübsch**? Emmy reagiert **schnell**;
ein **fieser** Ex-Direktor, eine **nette** Lehrerin, ein **riesiges** Imperium

> Das **Adjektiv** bezeichnet die Eigenschaft einer Person, einer Sache oder eines Vorgangs.

Wie kannst du ein Adjektiv erkennen?

- **Es kann bei einem Nomen stehen und dieses näher bestimmen;**
  In diesem Fall wird das Adjektiv mit dem Nomen in Fall, Zahl und Geschlecht übereingestimmt:
  ein *großer* Mann, eine *große* Frau, ein *großes* Haus
- **Die meisten Adjektive kann man steigern:**
  groß – größer – am größten
  (Genaueres über die Steigerung erfährst du auf Seite 102.)

120 ÜBUNG

Unterstreiche die Adjektive:

Ein älterer Lehrer fragt die jugendlichen Schüler: „Was würdet ihr auf meinen marmornen Grabstein schreiben, wenn ich tot wäre?“ Der unaufmerksame Franz hat nicht zugehört, weil er unter dem hölzernen Tisch seinen grauen Radiergummi sucht. Als er ihn sieht, ruft er: „Da liegt er endlich, der elende Mistkerl!“

121 ÜBUNG

Wie vorige Übung. Wenn du die letzte Übung fehlerfrei geschafft hast, kannst du diese Nummer überspringen.

*„Mama, waren in früheren Zeiten die tapferen Soldaten nackt?“, fragt der kleine Bruno. „Nein, wie kommst du denn auf diese seltsame Idee?“
„Im neuen Geschichtsbuch steht, dass sie ausgezogen waren, um das schöne Vaterland mit großem Mut zu verteidigen!“*

ERKLÄRUNG

Die Vergleichsformen des Adjektivs

Es gibt 3 Vergleichsformen:

Positiv	Komparativ	Superlativ
(Grundstufe)	(Mehrstufe)	(Meiststufe)
klug	klüger	am klügsten, der klügste Junge
kalt	kälter	am kältesten, die kälteste Jahreszeit
gut	besser	am besten, der beste Schüler

122 ÜBUNG

Ergänze die fehlenden Formen. *(Wenn du dir nicht sicher bist, kannst du im Wörterbuch nachschlagen.)*

hart	*härter*	*am härtesten*
schnell	....	....
....	kürzer	....
....	....	am niedrigsten
viel	mehr	....
glücklich	....	....
....	....	am tapfersten
....	schöner	....
freundlich	....	....

ERKLÄRUNG

So schnell wie möglich – schneller als die anderen

Eva läuft **so schnell wie** Lisa, aber sie läuft **schneller als** Sara.

> **Wie** drückt **Gleichheit** aus und steht nach **so + Grundstufe**.
> **Als** drückt **Verschiedenheit** aus und steht nach der **Mehrstufe**.

123 ÜBUNG

„Wie“ oder „als“?

1. Miss Minus verdient weniger .... andere Nachhilfelehrerinnen.
2. „Ex-Direktor Fies, antworten Sie mir bitte so schnell .... möglich!“
3. Ich lerne so fleißig .... du.
4. Andreas spielt besser Tennis .... Lukas.
5. Mein Vater ist noch nicht so alt .... deiner.
6. Elisabeth ist größer .... Gloria.
7. Maria hört lieber klassische Musik .... Schlager.
8. Das Haus ist nicht so hoch .... der Baum.
9. Spinat schmeckt nicht so gut .... Schokolade.
10. Konstantin ist intelligenter .... Andreas.
11. Meine Mutter ist so sparsam .... die Großmutter.
12. Niemand ist so mutig .... Siegfried.
13. Niemand hat eine Pause dringender nötig .... ich.

Übungen zum Wiederholen – Vertiefen – (Ab)Sichern in **DURCHSTARTEN – DEIN ÜBUNGSBUCH.**

...PAUSE!

9. KAPITEL

Pronomen (Fürwort)

ERKLÄRUNG

Das Pronomen (das Fürwort)

Ex-Direktor Fies verfasste ein E-Mail an Miss Minus. **Er** teilte **ihr** erfreuliche Neuigkeiten mit.

Das **Pronomen** steht häufig **für** ein anderes **Wort** bzw. für andere Wörter (im obigen Beispiel steht **er** für Ex-Direktor Fies, **ihr** steht für Miss Minus). Daher kommt die Bezeichnung **Fürwort**.

ERKLÄRUNG

Personalpronomen (persönliches Fürwort)

Regel: Das **Personalpronomen** steht oft für ein Wort, das eine **Person** bezeichnet.

Welche Personalpronomen gibt es und wie dekliniert man sie?

	Person	Nominativ (1. Fall)	Genitiv (2. Fall)	Dativ (3. Fall)	Akkusativ (4. Fall)
Singular	1.	ich	meiner	mir	mich
(Einzahl)	2.	du	deiner	dir	dich
		er	seiner	ihm	ihn
	3.	sie	ihrer	ihr	sie
		es	seiner	ihm	es
Plural	1.	wir	unser	uns	uns
(Mehrzahl)	2.	ihr	euer	euch	euch
	3.	sie	ihrer	ihnen	sie

124

ÜBUNG

Schreib die Sätze mit dem richtigen Personalpronomen *(die Form ist in Klammer angegeben)* ins Heft.

Beispiel: Mein Onkel hat *mir* einen neuen Computer gekauft. *(1. Person Singular)*

1. Tante Franziska hat .... zum Essen eingeladen. *(1. Person Plural)*
2. Wann wäschst du .... endlich, Franz? *(2. Person Singular)*
3. Warum haltet ihr .... nicht an die Verkehrsregeln? *(2. Person Plural)*
4. Wir werden .... helfen. *(3. Person Plural)*
5. Darf ich mir von .... das Mathematikheft ausleihen? *(2. Person Singular)*
6. Der Lehrer hat .... gelobt. *(1. Person Singular)*
7. Hörst du .... ? *(3. Person Singular männlich)*

ERKLÄRUNG

Possessivpronomen (besitzanzeigendes Fürwort)

Miss Minus an Ex-Direktor Fies: „Enzo macht **mein** Konzept zunichte. Ich brauche dringend **Ihre** Hilfe! Sonst wird **unser** schöner Nachhilfejob zugrunde gehen."

	1. Person	2. Person	3. Person
Singular	mein	dein	sein, ihr
Plural	unser	euer	ihr

Im Unterschied zum Personalpronomen vertritt das Possessivpronomen nicht ein Nomen, sondern es steht **bei** einem Nomen. Es wird mit diesem in Fall, Zahl und Geschlecht übereingestimmt (wie ein Adjektiv):
mein Onkel – **meines** Onkels – **meinem** Onkel – **meinen** Onkel – ...

125 ÜBUNG

Setze das fehlende Possessivpronomen in der richtigen Form ein:

Beispiel: Hast du heute schon mit deiner Freundin telefoniert? *(2. Person Singular)*

1. Wir haben .... Lehrer zum Abschied ein Buch geschenkt. *(1. P. Pl.)*
2. Herr Müller, Sie haben .... Wagen vor meinem Garagentor geparkt! *(3. P. Pl. – Höflichkeitsform)*
3. Ich muss noch mit .... Hund hinausgehen. *(1. P. Sg.)*
4. „Herr Ex-Direktor Fies, sollen wir Sie mit ‚............... Majestät' anreden?" *(2. P. Pl.)*
5. Günther schenkt .... Freundin eine CD mit den neuesten Hits. *(3. P. Sg.)*
6. Miss Minus hat sich auf .... Unterricht gut vorbereitet. *(3. P. Sg.)*

126 ÜBUNG

Hilfe, der Computer ist vom Antivokal-Virus befallen und hat die Selbstlaute verschluckt! Kannst du sie ergänzen, sodass Possessivpronomen herauskommen?

N S R   M N   H R   S N   R   D N

Übungen zum Wiederholen – Vertiefen – (Ab)Sichern in DURCHSTARTEN – DEIN ÜBUNGSBUCH.

...PAUSE!

10. KAPITEL
Satzglieder

ERKLÄRUNG

Subjekt

Die Teile eines Satzes nennt man Satzglieder. Die zwei wichtigsten sind **Subjekt** und **Prädikat**.

Regel: Das Subjekt erkennst du, indem du mit **Wer?** oder **Was?** fragst.

Miss Minus sammelt Übungen.
Wer sammelt Übungen?
Subjekt = Miss Minus

Das Böse ist noch nicht besiegt.
Was ist noch nicht besiegt?
Subjekt = das Böse

127 ÜBUNG

Unterstreiche das Subjekt und formuliere die Frage nach ihm:

Beispiel: Meine Eltern sind gestern ins Kino gegangen.
Wer ist gestern ins Kino gegangen?

1. Miss Minus hat sich schon wieder neue Gemeinheiten ausgedacht.
2. Zusammen mit Ex-Direktor Fies will sie Enzo und Emmy in die Knie zwingen.
3. Das neue Buch ist noch nicht fertig.
4. Mona und Christina haben sich die neueste Folge von „Star Wars" angesehen.
5. Im Zug wurden zwei Regenschirme vergessen.
6. In den Ferien werden meine Eltern und ich nach Italien fahren.
7. Beim Fahrrad musste ein Reifen ausgetauscht werden.
8. Nach der Reparatur konnte Kevin die Fahrt fortsetzen.
9. Morgen werden Kevin und sein Freund eine längere Tour unternehmen.
10. Zu Weihnachten werde ich meiner Tante ein neues Halstuch schenken.

128 ÜBUNG

Der Computer spielt schon wieder verrückt und hat die Buchstaben von hinten nach vorn aufgeschrieben. Außerdem hat er auf die Abstände zwischen den Wörtern und die Groß- und Kleinschreibung vergessen. Kannst du den Satz schriftlich richtigstellen?

.redeilgztasnetsgithciweiddnistakidärpdnutkejbus

ERKLÄRUNG

Prädikat

Wie erkennst du das **Prädikat**?

1. Das Prädikat wird von einem **Verb** gebildet.
2. Dieses Verb steht in einer **Personalform**.

Beispiele: Ex-Direktor Fies **schickt** ein E-Mail an Miss Minus.
Antworten Sie mir bald! Enzo **nahm** sein Heft. **Hilf** uns!

129 ÜBUNG

Unterstreiche das Prädikat.

1. Miss Minus antwortete Ex-Direktor Fies so rasch wie möglich.
2. Enzo kämpfte mit letztem Einsatz.
3. Ex-Direktor Fies hatte einen neuen Plan.
4. Mister Jones verscharrte seine erbeutete Maus.
5. Das Wasser war angenehm kühl.
6. Sagst du die Wahrheit?
7. Wiederholt den neuen Stoff rechtzeitig!
8. Ex-Direktor Fies liebt Ribiselsahnewürstchen.
9. Das Wetter wird morgen schön.
10. Beherrschst du den Stoff schon?
11. Martin fährt mit seinen Eltern nach Italien.
12. Sind schon alle fertig?

130 ÜBUNG

Welche Wörter können nicht Prädikat sein? Unterstreiche sie.

1. läuft – kam – Sessel – fahre – ritt
2. weit – schmal – ruhig – laut – läutet
3. betritt – erfuhr – mein – begreift – hörte
4. singt – ich – du – er – sie

Das Prädikat kann auch aus mehreren Teilen bestehen:

Personalform + Verbzusatz ▶ Enzo **steht** nach dem Sturz **auf**.
Personalform + Infinitiv ▶ Ex-Direktor Fies **will** den Kampf **gewinnen**.
Personalform + 2. Partizip ▶ Miss Minus **hat** auf Hilfe **gewartet**.

131 ÜBUNG

Unterstreiche das Prädikat und gib an, ob es sich beim zweiten Teil um einen Verbzusatz, einen Infinitiv oder das 2. Partizip handelt:

1. Daniel ist vier Meter weit gesprungen. *2. Partizip*
2. Tante Anna hat uns eine neue DVD geschenkt. ……………………
3. Gib dein Heft ab! ……………………
4. Matthias muss heute noch Englisch-Vokabeln lernen. ……………………
5. Michael wird sich den Film „Der Herr der Ringe“ ansehen. ……………………
6. Geben Sie endlich auf, Ex-Direktor Fies! ……………………
7. Onkel Alfred ist nach Japan geflogen. ……………………
8. Julia wird die ganzen Ferien zu Hause bleiben. ……………………
9. Nach der Hausübung dürft ihr ins Kino gehen. ……………………
10. Kannst du Schach spielen? ……………………
11. Wer von euch ist schon nach Afrika gereist? ……………………
12. Miss Minus will Enzo und Emmy besiegen. ……………………

132 ÜBUNG

Ergänze die richtigen Antworten. Der gelb umrandete Teil ergibt, von oben nach unten gelesen, das Lösungswort.

1 besitzanzeigendes Fürwort; 2 zweiter Fall; 3 Satzglied mit mindestens einem Verb; 4 Satzglied, nach dem man mit „Wer?“ fragt.

1
2
3
4

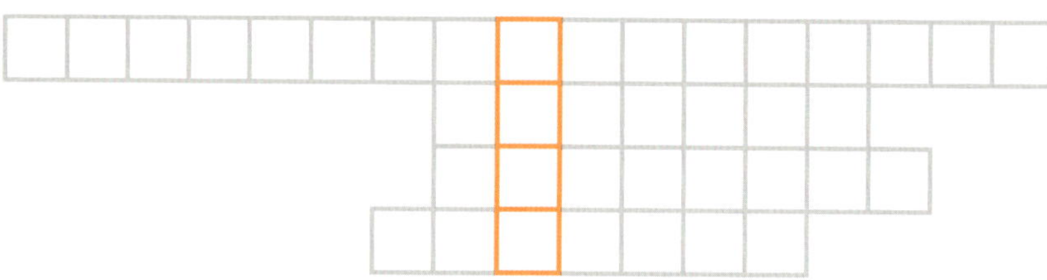

ERKLÄRUNG

Gestern gingen mein Vater und ich ins Kino – Die Übereinstimmung zwischen Subjekt und Prädikat

Das Prädikat muss mit dem Subjekt in **Person** und **Zahl** übereingestimmt werden. Die Übereinstimmung nennt man **Kongruenz**.

Subjekt	Prädikat	Person	Zahl
ich	geh**e**	1.	Singular *(Einzahl)*
du	geh**st**	2.	
er, sie, es	geh**t**	3.	

Subjekt	Prädikat	Person	Zahl
wir	geh**en**	1.	Plural *(Mehrzahl)*
ihr	geh**t**	2.	
sie	geh**en**	3.	

133 ÜBUNG

Stimme das Prädikat mit dem Subjekt überein.
Das Wort, das du in der richtigen Form einsetzen sollst, steht in Klammern. Schreib die Sätze in dein Heft.

1. Miss Minus (bitten) .... Ex-Direktor Fies um Hilfe.
2. Letztes Wochenende (sein) .... Sebastian und sein Bruder baden gegangen.
3. Ich (haben) .... das Gedicht auswendig gelernt.
4. Was (werden) .... ihr am Wochenende unternehmen?
5. Du (werden) .... es schaffen!
6. Jörg (sehen) .... fern.
7. (sein) .... Enzo und Emmy erfolgreich gewesen?
8. Ihr (haben) .... eure Sache gut gemacht.
9. Wir (verbringen, Präteritum) .... unsere Ferien im Gebirge.
10. Gestern (haben, Präteritum) .... Katharina und Hildegard Englisch-Schularbeit.
11. Lesen (sein) .... ein schönes Hobby.
12. In diese Schule (sein) .... mein Vater und sein Bruder gegangen.
13. Vorige Woche (gewinnen, Präteritum) .... Alexander und David die Chemie-Olympiade.

Übungen zum Wiederholen – Vertiefen – (Ab)Sichern in DURCHSTARTEN – DEIN ÜBUNGSBUCH.

...PAUSE!

11. KAPITEL
Satzarten

ERKLÄRUNG

Satzarten

Es gibt folgende Satzarten (in Klammern stehen die entsprechenden **Satzzeichen**):

1. **Aussagesatz (Punkt)**: *Peter gibt mir den Kugelschreiber.*
   Wenn etwas mit besonderem Nachdruck gesagt wird, spricht man vom **Ausrufsatz (Rufzeichen)**: *Schön ist es heute! Wie schön es heute ist!*
2. **Aufforderungssatz (Rufzeichen)**: *Gib mir den Kugelschreiber!*
3. **Fragesatz (Fragezeichen)**:
   a) **Entscheidungsfrage** (kann mit *Ja* oder *Nein* beantwortet werden): *Gibst du mir den Kugelschreiber?*
   b) **Ergänzungsfrage** (kann nicht mit *Ja* oder *Nein* beantwortet werden, wird durch ein Fragewort [zB *wo, wann, wie, warum, wer*] eingeleitet): *Wann gibst du mir endlich den Kugelschreiber?*

134 ÜBUNG

Ergänze das Satzzeichen und bestimme die Satzart:

Beispiel: Warum bist du gestern nicht gekommen? *Fragesatz (Ergänzungsfrage)*

1. Miss Minus ist verzweifelt ....
2. Kommen Sie und helfen Sie mir, Ex-Direktor Fies ....
3. Wird Enzo weiterhin ein Abziehbild nach dem anderen kaufen
   ....
4. Hmm, schmeckt das gut ....
5. Ist das Winkerl-Stehen in der Schule heute noch üblich ....
6. Emmy löst jede Aufgabe ....
7. Beeil dich ....
8. Das könnte dir so passen ....
9. Wie lange dauert es noch bis zur nächsten Pause ....
10. Die Durchstarterinnen haben sich stark verbessert ....
11. Gefällt dir dieses Buch ....
12. Entspanne dich jetzt ein wenig ....

...PAUSE!

WIE ÜBE ICH AUFSÄTZE SCHREIBEN?

- Entscheidend für gute Aufsatzleistungen ist der Wille, dass du gute Aufsätze schreiben oder schlechte verbessern willst. Sag dir, wenn dir die Arbeit schwer fällt, vor: **Aufsätze schreiben ist erlernbar. Ich glaube, dass ich es kann, wenn ich will.**

- Tüchtig ist nicht, wer den ganzen Tag vor Hausübungen sitzt, sondern wer sie gut und zügig erledigt. Begrenze daher die Zeit für deine Aufgabe, beispielsweise so: Ich möchte diesen Abschnitt in 50 Minuten abgeschlossen haben. Bei vielen Aufgaben in diesem Buch gibt es Hinweise, in wie viel Minuten du fertig sein sollst.

- Mache einen groben Plan für deine Vorgangsweise:
  - Lies dir die Aufgabenstellung genau durch und stelle dir die Frage: Was wird verlangt? Schreib dir die Antwort in einem kurzen Satz auf, zB so: *Ich soll von einem Ereignis erzählen, das anders ausgegangen ist, als ich erwartet habe.*
  - Überlege, wie du vorgehen musst: Beachte die Tipps zum Aufbau der verschiedensten Aufsatzgattungen.
  - Stell dir die Frage: Wo liegt das Problem? Beispiel für eine Antwort: *Ich muss den Höhepunkt meiner Erlebniserzählung deutlicher herausarbeiten.*
  - Dann schreib den Aufsatz oder die Übung. Verbeiß dich aber nicht an Hindernissen! Oft geht's bei einem zweiten Anlauf, beim Überarbeiten leicht.
  - Überprüfe deinen Aufsatz auf klaren Ausdruck und einwandfreie Rechtschreibung.

12. KAPITEL
Erlebniserzählung

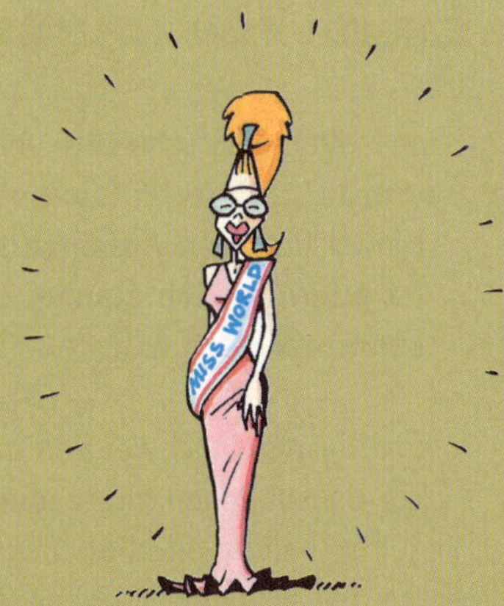

mailto:miss.minus@1.Klasse

Liebste mm, wenn Sie schon meine persönliche Hilfe bei Ihrer Vorbereitung ablehnen – wie wäre es denn, wenn ich während einer Ihrer Nachhilfestunden auf einen netten Kaffeeplausch vorbeikäme? Den Egg-Zwillingen geben Sie in der Zeit ein paar Fotos von sich und den Auftrag, nach diesen bestimmt bildhübschen Vorlagen eine Erzählung zu schreiben. Titel: „Als wir unserer Nachhilfelehrerin eine freudige Überraschung bereiteten."

Wärmstens, Ihr Ex-Direktor Fies ☹

mailto:exdirex.fies@out.com

Sie Schmeichler! Aber wie wär es mit einer Erlebniserzählung von Ihnen? Titel: „Wieso mich meine Traumfrau nicht erhört." Und per E-Mail, bitte ...

mm

ERKLÄRUNG

Von Erlebnissen erzählen

„Erzähl von einem Erlebnis, an das du dich gut erinnerst!“, lautete die Aufgabe, die Florian am Schulbeginn im Deutschunterricht behandeln musste. Diese Aufgabe fiel ihm nicht schwer, und bereits nach zwanzig Minuten gab er folgenden Aufsatz ab:

Ein Erlebnis in den Ferien

An einem schönen Sommertag bin ich an den Teich in unserer Nähe gegangen. Dort wollte ich den Salto üben. Aber das wäre fast schlecht ausgegangen. Von einer guten Stelle, wo man von einem bewachsenen Hügelvorsprung leicht springen konnte, machte ich einen Kopfsprung. Aber ich machte ihn nicht richtig, und daher fiel ich mit dem Rücken ins Wasser. Das brannte auf der Haut. Ich bekam wenig Luft. Als ich mich ein wenig erholte, lief ich heim. Ich dachte: „Hoffentlich sieht mich niemand.“

Sandra hat folgenden Aufsatz zum gleichen Thema abgegeben:

Die Sommerferien waren sehr schön. Wir sind zur Burg Greifenstein gefahren. Burgen und Schlösser interessieren mich nämlich sehr. Besonders gruselig aber war es im Burgverlies. Vor dem Eingang waren zwei kleine Nischen, wo Totenköpfe lagen. Im Verlies waren sogar noch einige Folterwerkzeuge. Ich war ganz ergriffen von dieser Umgebung und merkte gar nicht, dass die anderen Besucher schon weitergegangen waren. Plötzlich stand ich nämlich alleine da. Ich fürchtete mich. Aber Gott sei Dank kam bald Hans und fragte mich: „Wo bist du bloß gewesen?“ Danach besuchten wir noch die herrlichen Säle und Schlafgemächer. Einen großen Saal beherrschte eine riesige Statue aus Marmor. Das war ein Türke. Der hatte eigenartige, mechanische Augen. Wenn jemand an ihm vorbeiging, verfolgte er ihn immer mit den Augen. Das faszinierte mich, ich ging immer wieder an ihm vorbei.
An die Burg Greifenstein werde ich noch lange denken.

Als Florian und Sandra ihre Aufsätze zurückbekamen, spürten sie sofort, dass der Lehrer mit ihren Aufsätzen nicht zufrieden war.

Zu Florians Aufsatz schrieb der Lehrer folgende *Bemerkungen:*

Zum **Thema:** *Du hast das Thema des Aufsatzes getroffen und dich auf ein Erlebnis beschränkt.*

Zum **Aufbau:** *Einleitung und Schluss erfüllen ihre Aufgabe. Du solltest sie aber durch Absätze deutlich machen.*

An einem schönen Sommertag ... – so beginnen sehr viele Erlebniserzählungen. Versuche den ersten Satz persönlicher und genauer zu schreiben, zB Es war entsetzlich schwül, und ich ging ...

Der Hauptteil ist entschieden zu kurz; du hast zwar geschrieben, was geschehen ist, du musst aber anschaulicher zeigen, wie du deinen Salto erlebt hast. Außerdem bleibt unklar, warum du diesen Versuch gemacht hast.

Zur **Sprache**: *Für einige Ausdrücke ließen sich bessere finden, zB „von einer guten Stelle".*
Was meinst du mit dem Satz: „Aber ich machte ihn nicht gut"?
Im vorletzten Satz muss es heißen: „Als ich mich ein wenig erholt hatte, lief ich heim", und im Schluss-Satz vielleicht so: „Hoffentlich hat mich niemand bei diesem missglückten Versuch beobachtet."

Auch mit Sandras Aufsatz war der Lehrer nicht ganz zufrieden.

135 ÜBUNG

Versuche dich in die Rolle des Lehrers zu versetzen und schreibe kurze Anmerkungen zum Aufsatz von Sandra.
Unterteile deine Anmerkungen so:

a) Was lässt sich zum Aufbau sagen?
b) Was sollte am Inhalt verbessert werden?
c) Welche sprachlichen Ausdrücke findest du gut, welche sollten verbessert werden?

ERKLÄRUNG

Arbeitsschritte für Erlebniserzählungen

- Du brauchst einen **Erzählkern** über **ein Erlebnis**. Halte die wichtigsten Gedanken in kurzen Sätzen fest. Wenn dir zu einem Thema wenig einfällt, versuchst du mit W-Fragen *(**Wer** tut etwas? **Was** geschieht? **Wo**? **Wann**? **Wie**? **Warum**?)* Einfälle zu sammeln.
- Stelle fest, wo der **entscheidende Moment** deiner Erzählung liegt. Halte ihn stichwortartig fest.
- Du schreibst eine **Einleitung**, in der du Spannung weckst und die Situation kurz erklärst. Die Einleitung muss kurz sein und darf nichts vom Hauptteil vorwegnehmen.
- Im **Hauptteil** musst du schreiben, wie das Geschehen der Reihe nach abgelaufen ist, und besonders, wie du es erlebt hast. Der **Höhepunkt** der Handlung liegt am Ende des Hauptteils. Du kannst dabei die Spannung erhöhen, wenn du nicht nur schreibst, was du getan hast, sondern auch das erzählst, was du gedacht, gesprochen, gehört, gespürt hast. Durch direkte Rede wird die Erzählung lebendiger.
- Runde deine Erzählung mit einem knappen **Schluss** ab. Häufig genügt ein Satz. Du kannst dabei die Gedanken der Einleitung aufgreifen.

ERKLÄRUNG

Einen Erzählkern finden

Meist bekommen die Schüler/Schülerinnen mehrere Themen vorgelegt. Es handelt sich hier um Rahmenthemen, zu denen viele Geschichten passen. Wenn zB das Thema „Das vergesse ich nie" lautet, gibt es verschiedene grundsätzliche Möglichkeiten: Es könnte ein Ereignis sein, das du nie vergisst, weil du es in guter Erinnerung hast, zB eine schöne Überraschung, ein geglücktes Abenteuer, ein besonderer Ausflug; es könnte etwas Unangenehmes sein, das du nie vergisst: ein Missgeschick, ein misslungener Streich usw. Jedenfalls ist es wichtig, die Geschichte, die du erzählen willst, in wenigen Worten festzuhalten, also den **Erzählkern** zu entwerfen.

Zum Thema „Bange Minuten" fiel Florian folgender Erzählkern ein:

*Mitte Oktober (**Wann?**) Schulausflug (**Was?**) auf die Bärnalmhütte (**Wohin?**). Auf dem Rückweg nahmen Niki und ich (**Wer?**) eine Abkürzung (**Warum?**) und verirrten uns. Wir gerieten in eine Talschlucht. Die Klassenkameraden fanden uns nach einer einstündigen Suchaktion. Allgemeine Erleichterung.*

136 ÜBUNG

Versuche zum Thema „Das war eine schöne Bescherung" einen eigenen Erzählkern zu entwerfen.

- Nicht alle Erlebnisse müssen aufregend sein, sie sollten aber interessant wirken.
- Wenn du ein passendes Erzählbeispiel zu einem Thema gefunden hast, kannst du mit W-Fragen ergiebigen Stoff sammeln.
- Formuliere in maximal fünf Sätzen den Erzählkern.

ERKLÄRUNG

Die Vorspeise

Die **Einleitung** macht den Appetit aufs Lesen. Ist es dir auch schon passiert: Obwohl du wusstest, was du erzählen willst, fiel es dir schwer, eine zündende Einleitung zu finden. Diese verflixten ersten Sätze!
Vielleicht helfen dir folgende Ratschläge, wie man eine Erlebniserzählung einleiten kann:

- Sehr oft bringt die Einleitung Angaben über die näheren Umstände des Geschehens, zB Angaben über die **Zeit;**

Beispiel: *Selten so gelacht*
An einem klirrend kalten Wintertag ging ich mit meiner Freundin Petra Eis laufen. ...

- Angaben über den **Ort** des Geschehens;

Beispiel: *Eine Pechsträhne*
Es begann damit, dass wir uns auf den Stufen vor dem Bahnhofseingang treffen wollten. …

- Angaben über andere **nähere Umstände**.

Beispiel: *Wie ich dachte, ich hätte etwas verloren*
Ich hatte soeben meine Schultasche genommen und nach den Schlüsseln gegriffen, als Mutti rief, ob ich …

- Lebendiger wirkt es aber, wenn du mit einer **direkten Rede**, einem **Sprichwort** oder dgl. beginnst.

Beispiel: *Eine peinliche Sache*
„Versprichst du mir, pünktlich zum Mittagessen heimzukommen?“, hörte ich noch Mutti rufen, bevor ich die Tür zuknallte. …

- Du kannst manchmal das **Ereignis ankündigen:**

Beispiel: *Was für ein Tag!*
In der folgenden Geschichte geht es um eine Mutprobe, die ein schreckliches Ende nehmen hätte können. …

- Besonders reizvoll ist es, wenn du unmittelbar mit der Erzählung des Ereignisses beginnst (also **ohne Einleitung**).

Beispiel: *Verdiente Strafe*
Vorsichtig sahen wir uns im Stiegenhaus um. Wir tasteten uns im Schein der Taschenlampen …

ERKLÄRUNG

Die Hauptspeise

Die Hauptspeise wird aufgetragen, der **Hauptteil.**
Nach dem Appetitanreger (knappe Einleitung) folgt die Spezialität, auf die man gespannt ist; das Beste davon kommt als **Höhepunkt.**
Ähnlich verhält es sich bei einer guten Erlebniserzählung. Eine gute Geschichte löst beim Leser Neugierde, Hoffnung oder Angst aus. Der Leser ist gespannt, wie es weitergeht, und wartet auf die Lösung der Spannung. Man kann den Aufbau einer Erlebniserzählung mit einer Skizze verdeutlichen:

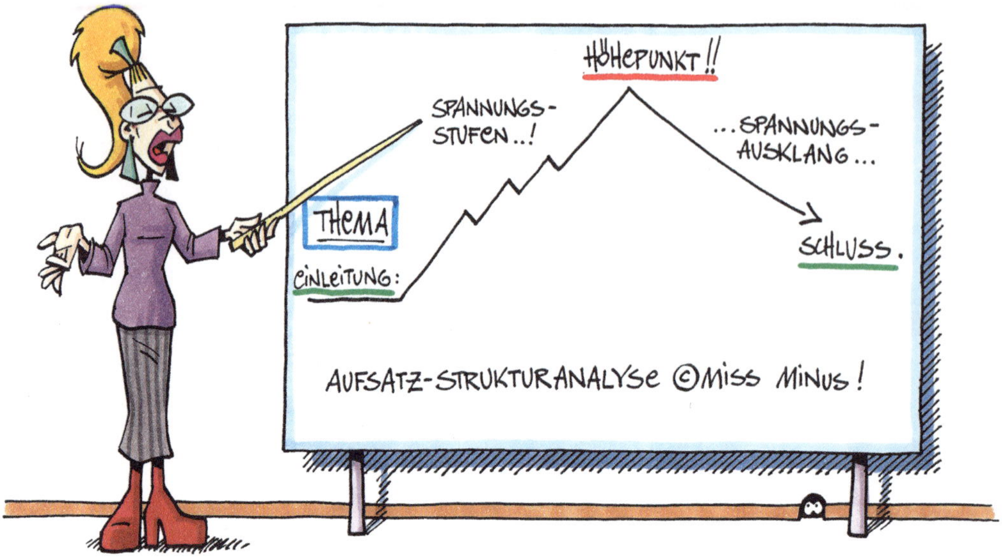

Die Mutprobe

„Du traust dich ja doch nicht, du Angsthase!", riefen höhnisch meine Klassenkameraden. Sie standen im Halbkreis vor einer Leiter, die ungefähr sechs Meter zum Dach eines baufälligen Hauses führte. Warum dort eine Leiter stand, wusste niemand von uns.	Einleitung
Als Angsthase wollte ich auf keinen Fall dastehen. Aber je länger ich nach oben schaute, desto schweißiger wurden meine Hände. Langsam und vorsichtig tastete ich mich die wackelige Leiter hinauf. Endlich war ich bei der Dachrinne angelangt.	Beginn des Hauptteils
Jetzt erst wagte ich das erste Mal hinunterzuschauen. Bevor mir schwarz vor den Augen wurde, schloss ich sie rasch, denn ich war ja nicht einmal schwindelfrei. Sechs Meter waren eine irrsinnige Höhe! Fast hätte ich geschrieen vor Angst. Aber ich presste die Zähne aufeinander, dass die Kiefer schmerzten, schreien durfte ich auf keinen Fall. Jetzt musste ich über die Dachrinne aufs Dach klettern. Geschafft, Gott sei Dank! Im Schneckentempo kroch ich bis zum First hinauf. Dabei zog ich mich mit den Händen an den morschen Dachziegeln hinauf und wartete, bis ich mit den Füßen eine Abstützung gefunden hatte. Endlich war ich am First angekommen. Eine Weile blieb ich dort liegen, ohne mich zu rühren, so fertig war ich mit den Kräften. Auf die Zurufe meiner Kameraden hörte ich schon längst nicht mehr. Auf das Dach zu klettern war aber leichter, als wieder hinunterzukommen. Denn jetzt konnte ich nicht sehen, wohin ich die Füße setzen sollte, und hinunter-	Steigerung der Spannung

schauen durfte ich auf keinen Fall. Zentimeter für Zentimeter kroch ich abwärts. –

An den Knien war die Hose aufgerissen, die Hände waren zerkratzt und die Fingerkuppen bluteten. Aber ich musste es schaffen, ich musste es denen da unten beweisen, dass ich kein Angsthase war!

Spannungsverzögerung

Plötzlich ***reißt*** *ein Ziegel, an dem ich mich festgekrallt hatte, aus der Verankerung. Ich* ***rutsche*** *auf dem Bauch abwärts und die Hände* ***greifen*** *hilflos um Halt. Hilfe! Hilfe!* ***höre*** *ich mich schreien. Beim Abrutschen* ***reiße*** *ich noch ein paar Dachziegel heraus, die mit dumpfem Knall auf die Erde* ***fallen*** *und in tausend Stücke* ***zerplatzen****. An der Dachrinne* ***finden*** *endlich meine Füße Halt, und mit den Händen* ***kann*** *ich mich an einer Dachlatte anklammern, die* ***freiliegt****.*

Höhepunkt der Spannung

Zeitwechsel – Gegenwart!

Ich weiß nicht mehr, wie lange ich an dieser Stelle hing. Für mich war es eine Ewigkeit. Da rief mir jemand mit ruhiger Stimme zu: „Los, strecke deine rechte Hand zu mir her! Ich werde dich festhalten!" Jemand musste Hilfe geholt haben. Mein rechter Arm schien ins Leere zu greifen, da packte mich die kräftige Hand des Herrn Schmidt, der mich in die Dachluke seines benachbarten Hauses zog. „Tot könntest du sein, so leichtsinnig!", sagte er dreimal und schüttelte den Kopf. Die Klassenkameraden unten hatten sich inzwischen aus dem Staub gemacht.

Lösung der Spannung

Heute weiß ich, dass es manchmal gescheiter ist feige zu bleiben.

knapper Schluss

(Nach: Max von der Grün, Vorstadtkrokodile. Bertelsmann Jugendbuch Verlag, München 1976.)

Bevor du eine Erlebniserzählung zu schreiben beginnst, solltest du unbedingt den Höhepunkt des Ereignisses festlegen. Der Höhepunkt ist jene Stelle im Text, wo die Spannung ihren höchsten Punkt erreicht. Am Ende des Höhepunkts löst sich die Spannung wieder auf.

137 ÜBUNG

Stelle fest, welche der folgenden Sätze den Höhepunkt des Aufsatzes einer Schülerin bilden:

Es war an einem milden Frühlingstag, als der Herr Lehrer mich aufforderte (1): „Hol doch bitte vom Krämer etwas Ribiselsamen für einen Versuch in Biologie!" (2) Kurze Zeit später stand ich schon im Geschäft und verlangte Ribiselsamen. (3) Die Krämerin blickte mich zuerst fragend an, als ob sie nicht verstanden hätte, dann huschte ein mitleidiges Lächeln über ihr Gesicht (4): „Nein,

Ribiselsamen haben wir nicht, da hat dich wohl jemand in den April geschickt." (5) Am liebsten hätte ich mich wie das Rumpelstilzchen in den Boden gestampft. (6) Aber es langte nur für ein leises „Ach so, heute ist ja der 1. April", das ich verlegen herausgickste. (7) Auf dem Rückweg schmiedete ich mindestens 30 Rachepläne. (8) Meine Mitschüler aber lachten sich halbtot über mich, mir hingegen war nicht zum Lachen zumute. (9)

TIPPS

Zusammenfassend einige Tipps für die Gestaltung des **Hauptteils:**

1. Überlege dir genau, was der entscheidende Moment des Ereignisses ist.
2. Erzähle den **Höhepunkt** so genau, dass der Leser keine Fragen mehr hat.
3. Denk an folgende Möglichkeiten, wie man den **Höhepunkt** besonders **interessant** gestalten kann:
   - **a)** Wenn du Einzelheiten der Situation genau darstellst und Gedanken oder Sinneseindrücke wiedergibst (sehen – hören – fühlen – tasten – riechen), kannst du die Spannung erhöhen. Denk an die **Zeitlupe** im Film!
   - **b)** Die Wiedergabe **direkter Rede** und die Verwendung verschiedener Satzarten (also auch Fragesätze, Aufforderungssätze, Ausrufsätze) machen den Aufsatz lebendiger.
   - **c)** Manchmal trägt der **Wechsel der Zeitform** an der entscheidenden Stelle des Ereignisses dazu bei, die Spannung zu steigern. Dabei verwendet man das Präsens (Gegenwart) statt das Präteritum (Mitvergangenheit).

ERKLÄRUNG

Das Dessert

Wie eine gute Nachspeise das Essen abrundet, so gehört auch zu einer guten Erzählung ein passender und knapper **Schluss**. Dafür gibt es verschiedene Möglichkeiten:

- Du kannst das Geschehen zusammenfassen:

Beispiel: *Abgerissene Äste lagen auf der Straße verstreut. Am Straßenrand stand ein roter PKW, dessen Dach von herabgestürzten Dachziegeln eingedrückt war. Die Feuerwehr brauchte etliche Stunden, bis sie die Straße wieder freigeben konnte.*

- Schließe mit einem Hinweis auf das weitere Geschehen ab:

Beispiel: *Ich nahm weiterhin die bittere Medizin tapfer ein. Nach einer Woche war ich wieder gesund.*

- Du kannst mit einer Erkenntnis, die du gewonnen hast, oder mit einem Vorsatz, den du gefasst hast, die Geschichte abrunden:

Beispiel: *Wahrscheinlich ist es manchmal besser feige zu bleiben.*

- Selbstverständlich kannst du auch mit einer Rückerinnerung abschließen:

Beispiel: *Jedes Mal, wenn ich jemanden einen Salto springen sehe, denke ich an mein Erlebnis.*

- Manchmal kann eine Geschichte ohne besonderen Schluss enden. Kein besonderer Schluss ist oft besser als ein gekünstelter.

ERKLÄRUNG

Die Zubereitung oder: Auf das Wie kommt es an

„Nette Geschichte, aber einige Ausdrucksschwächen". Ähnliche Bemerkungen des Deutschlehrers in Aufsätzen sind dir vielleicht bekannt, *„A"* (Ausdruck) und *„Wh"* (Wiederholung) als Anmerkungen ärgerlich aufgefallen. Es ist ja wirklich schade, wenn ein gut aufgebautes, lebendig erzähltes Erlebnis sprachlich langweilig dargestellt ist. Nicht nur das, **was** aufgetragen wird (die Geschichte), soll von guter Qualität sein, sondern auch die Zubereitung muss „gschmackig" sein, das **Wie**. Nur wenn du das treffende Wort, den passenden Satz verwendest, kannst du deine Gedanken anschaulich und deutlich mitteilen. Daher folgen jetzt einige Stilübungen, dann geht's mit dem Aufbau des Aufsatzes weiter!

138 ÜBUNG

Lies folgenden Abschnitt, den Roland zum Thema „Allein zu Hause" geschrieben hat, genau durch.

... Da sprang ich auf, ging den Flur zurück, machte die Tür zum Kinderzimmer auf, machte sie zu und ging ins Bett.

Du hast es sicher schon bemerkt: Die Wiederholungen von **gehen** und **machen** nehmen dem Aufsatz viel von seiner Wirkung. Wir versuchen in den folgenden Übungen, treffendere Ausdrücke für *gehen* und *machen* zu finden.

139 ÜBUNG

Folgende Übung soll dir deutlich machen, dass **gehen** ein Wort ist, das sehr viel bedeuten kann. In der linken Spalte stehen gehen-Sätze, rechts deren Bedeutungen. Aber die Bedeutungen rechts sind vertauscht. **Welche Bedeutung gehört zu welchem Satz? Trag die Nummern ein.**

1.	Die Gasheizung **geht** heute nicht.	.....	Sind sie noch Schüler?
2.	Genau um 17 Uhr **geht** der Zug.	.....	Bist du gesund? – Ich bin zufrieden.
3.	Lass sie **gehen**! Sie kann nichts dafür.	.....	Sie funktioniert heute nicht.
4.	Das Wasser **geht** mir bis zu den Knien.	.....	Der Soldat suchte Schutz.
5.	Die Kirchenuhr **geht** wieder.	.....	Er verkleidet sich als Clown.
6.	**Gehen** die Kinder noch zur Schule?	.....	Er fährt pünktlich ab.
7.	Der Direktor **geht** als Clown zum Maskenball.	....	Ist dir schlecht? Du brauchst Sauerstoff.
8.	Wie **geht**'s dir? – Es **geht**.	.....	Es reicht bis zu den Knien.
9.	Ohne Entschuldigung ist er nach Hause **gegangen**.	.....	Lass sie in Ruhe!
10.	Ist dir schlecht? **Geh** an die Luft!	.....	Sie ist wieder intakt.
11.	Der Soldat **ging** in Deckung.	.....	Er hat sich unentschuldigt entfernt.

140 ÜBUNG

Jemand hat in den folgenden Sätzen die Verben vertauscht! Suche aus den drei angegebenen Verben das passende. Schreib die Sätze richtig auf, beachte dabei die Zeitform.

1. Voll bepackt schlichen die Passanten die Einkaufsstraße entlang.
   wandern | hetzen | torkeln

2. Ein kleiner Hase watschelt ahnungslos über das Fußballfeld.
   trampeln | schleichen | hoppeln

3. Die Kinder stolzierten durch den tiefen Schnee.
   waten | huschen | humpeln

4. Vom Regen völlig durchnässt bummeln die Zuschauer nach Hause.
   eilen | hüpfen | flüchten

5. Lisa huscht mit Muttis Stöckelschuhen hin und her.
   trödeln | springen | stolzieren

141 ÜBUNG

Versuche in den folgenden Beispielen selbst einen passenden Ausdruck zu finden. Schreib die Sätze vollständig auf.

1. Sie mussten sehr *kriechen*, um noch rechtzeitig zum Zug zu kommen.
2. Wenn wir so *sprinten*, kommen wir zu spät.
3. Er *schlurft* würdevoll über die Bühne.
4. Sie *trippelten* durch den Schnee.

142 ÜBUNG

Gehen – aber wie?
Mit dem Verb *gehen* kann man verschiedene Arten der Fortbewegung ausdrücken. **Ersetze *gehen* durch ein Wort, das angeführt ist. Schreib die Sätze ins Übungsheft.**

stolzieren	stürmen	waten	fliehen	humpeln
schlurfen	schleichen	stolpern	marschieren	

1. Die Soldaten *gehen* im Gleichschritt über den Paradeplatz.
2. Voll Begeisterung *gehen* die Fans auf das Spielfeld.
3. Immer mehr Flüchtlinge *gehen* heimlich über die Grenze.
4. Sternhagelvoll *geht* der Betrunkene über die eigenen Füße.
5. Der Verunglückte *geht* verletzt über die Straße.
6. Vorsichtig *geht* das Kleinkind im Schwimmbecken.
7. Die kleine Anna *geht* in Muttis Schuhen mit Absätzen.
8. Auf Zehenspitzen *geht* der Einbrecher zum Tresor.
9. Opa *geht* in Pantoffeln in den Garten.

143 ÜBUNG

Sinnverwandte Wörter
In jeder Zeile stehen sinnverwandte Wörter, aber eines passt nicht dazu. Streiche dieses Wort durch.

1.	humpeln	stolpern	rennen	torkeln	hinken
2.	stürmen	laufen	eilen	trödeln	sprinten
3.	schleichen	flüchten	fliehen	jagen	flitzen
4.	schlendern	bummeln	wandern	hasten	spazieren
5.	waten	trotten	trampeln	stapfen	trippeln

144 ÜBUNG

Streiche das Verb **machen** in jedem Satz durch und schreib den Satz neu auf, indem du statt *machen* ein passendes Wort aus den folgenden Verben einsetzt:

herrichten	bauen	anfertigen	kochen	erledigen
backen	passen	bereiten	veranstalten	zubereiten

1. Zu Weihnachten *macht* Mutter eine köstliche Rindsroulade.
2. Für die Theateraufführung muss die Schneiderin neue Kostüme *machen*.
3. Zu diesem Anzug *macht* sich die gestreifte Krawatte gut.
4. Jeden Tag Geige spielen hat ihm schon lange keine Freude mehr *gemacht*.
5. Zu Silvester darf Verena eine Party *machen*.
6. Mit Opas Hilfe haben wir rasch einen Gokart *gemacht*.
7. Soll ich euch für die Wanderung noch Wurstbrote *machen*?
8. Schnell hereinkommen! Das Abendessen ist schon *gemacht*.
9. Diese Arbeit kann ich erst am Abend *machen*.
10. Obwohl es Mutti verboten hat, *mache* ich noch einen Marmorkuchen.

145 ÜBUNG

Wir kehren zu Florians Aufsatz (Seite 116) zurück.
Nach den vielfältigen Übungen fällt es dir sicher leichter, treffendere Ausdrücke für *gehen* und *machen* in Florians Aufsatz zu finden. **Schreib den Abschnitt gänzlich neu.**

146 ÜBUNG

Auch das Wort **sehen** verwenden wir oft gedankenlos. Dabei gibt es so viele Möglichkeiten, *sehen* durch anschaulichere Ausdrücke zu ersetzen. **Setze die Verben an die passende Stelle der folgenden Sätze:**

erspähen	zuschauen	anblinzeln	anstarren	entdecken
betrachten	erblicken	beobachten	anschauen	

1. Erst nach genauer Prüfung .... der Mechaniker einen Haarriss im Zylinder.
2. Warum .... du mich so ....?
3. Von dieser Stelle aus konnte er bequem beim Spiel ....
4. „Sie müssen den Verdächtigen rund um die Uhr genau .... !“, befahl der Kriminalkommissar.

5. Im Gleitflug hatte der Falke eine kleine Maus .... und war sofort auf sie hernieder gestürzt.
6. Diese Buchhandlung bietet eine bequeme Leseecke, wo man in Ruhe Bücher .... kann.
7. „Man muss das Problem von verschiedenen Seiten ....“, erklärte der Referent.
8. Als er Tanja an der Haltestelle ...., verschwand er rasch in der Melichargasse.
9. Meistens willst du etwas Witziges sagen, wenn du mich so ....

...PAUSE!

147 ÜBUNG

Um den treffenden Ausdruck zu finden, gibt es noch eine andere Hilfe, das so genannte **Wortthermometer**. Auf ihm werden die Wörter nach dem Grad ihrer Ausdrucksstärke angeordnet. Je „stärker“ der Ausdruck, desto höher liegt er auf der Skala.

Verfolge nun beispielsweise die „Worttemperatur“ zu *gehen*:

1	2	3	4	5	6
schleichen	krabbeln	bummeln	schlendern	wandern	eilen
kriechen		trotten	gehen	marschieren	rasen
		promenieren	spazieren		laufen
					sausen
					rennen
					hasten
					stürmen

148 ÜBUNG

Bilde nach dem Muster von *gehen* eine „Temperaturskala“ zu *lachen*. Ordne die Wörter nach ihrer Stärke.

schmunzeln, strahlen, grinsen, kichern, prusten, sich vor Lachen biegen, sich krumm und schief lachen, lachen, lächeln

149 ÜBUNG

Ordne die folgenden Ausdrücke auf einem Wortthermometer.

arktisch, kühl, tropisch, eisig, lau, glühend, kalt, frisch, warm, heiß

ERKLÄRUNG

Satzbau

Ein guter Aufsatz braucht auch einen **abwechslungsreichen Satzbau.**
Wenn du folgenden Ausschnitt aus einem Aufsatz, den Clemens geschrieben hat, aufmerksam durchliest, fällt dir bestimmt etwas Eigenartiges am Satzbau auf:

Wie mir ein Zahn plombiert wurde

Einmal ging ich mit Mutti zum Zahnarzt. Da musste ich zuerst im Wartezimmer warten. Bald aber wurde ich aufgerufen. Da setzte ich mich mit einem flauen Gefühl im Magen auf den Ordinationsstuhl. „Da musst du gleich den Mund weit öffnen!", sagte der Zahnarzt. Der Zahnarzt klopfte mit einem krummdornigen Instrument alle Zähne ab, dann stellte er fest, dass der Zahn links 4 plombiert werden muss. Da nahm er sofort den Bohrer, die Assistentin spreizte mit einem Absauger meinen Mundwinkel bis zu den Ohren zurück, und da begann das unbarmherzige Marterinstrument zu surren. Ich krallte meine Fingernägel in den Überzug des Marterstuhles ...

150 ÜBUNG

Verbessere den Aufsatz, indem du den Satzbau abwechslungsreicher gestaltest. Beachte die Satzanfänge.

151 ÜBUNG

In diesem Text beginnen fast alle Sätze mit dem Subjekt. Schreib ihn ab und verwende in den unterstrichenen Satzteilen eine andere Reihenfolge der Satzglieder.

Da kriegte ich es mit der Angst zu tun

Es war kurz nach Mitternacht. Claudia lag in tiefem Schlaf. <u>Mond und Sterne sahen</u> zu ihrem Fenster herein. Ein leise quietschendes Geräusch war zu hören. <u>Claudia saß sogleich</u> hellwach in ihrem Bett. Die Tür zum Kinderzimmer war nie ganz geschlossen. Aber jetzt musste sie jemand vorsichtig geöffnet haben, davon war Claudia überzeugt. „Das ist womöglich ein Räuber!", lief es Claudia durch den Kopf. <u>Sie sprang mit einem Satz</u> aus dem Bett. Sie lief ins Schlafzimmer der Eltern, ohne zu überlegen, und riss ihren Vater unbarmherzig aus dem Schlaf. „Du musst kommen! In meinem Zimmer spukt es, vielleicht liegt ein Räuber unter dem Bett." <u>Der Vater folgte schlaftrunken</u> und undeutliche Worte murmelnd ins Kinderzimmer. <u>Claudia drehte zögernd</u> das Licht auf. Es war aber niemand da. Beide lauschten aufmerksam. Sie hörten jetzt ein schnurrendes Geräusch. Es kam aus der oberen Ecke des Bettes. Claudia wagte nicht einmal zu atmen. Ihr Vater begann aber zu lächeln. Er bückte sich – und zog den jungen Kater hervor.

152 ÜBUNG

Schreib folgenden Brief ab, verwende aber die Vorschläge zur Verbesserung, die in Klammern hinter den einzelnen Sätzen stehen.

Liebe Eltern!

Ich habe es geschafft (Hurra). Ich wurde Sieger unter 62 Teilnehmern (Stellt euch vor, ...) Ich habe einen riesigen Pokal für den Sieg bekommen (Wortumstellung). Wir haben herrliches Wetter (Heute). Es gab aber kräftigen Wind, als wir im Feriendorf ankamen (Bei der Ankunft im Feriendorf ...). Wir stellten dann unser Zelt auf (Mit vereinten Kräften). Wir gingen noch auf ein Eis (Gegen Abend). Ich freue mich auf daheim (Schon jetzt).
Euer Hans

...PAUSE!

ERKLÄRUNG

Was noch zu tun ist

„Hätte ich doch die Arbeit noch einmal durchgelesen, dann hätte ich eine bessere Note für den Aufsatz gekriegt!" Solche Seufzer verärgerter Schüler sind nicht selten. Daher ist es vorteilhaft, wenn du noch an folgende Tipps denkst, bevor du das Heft abgibst:

TIPP

1. Denk nicht: Vielleicht hätte ich das andere Thema nehmen sollen, sondern versuche das gewählte **Thema konzentriert** zu **behandeln.**
2. Plane mindestens zehn Minuten für **gründliches Durchlesen** der Arbeit ein.
3. Du solltest die Arbeit zweimal durchlesen, und zwar in 2 Schritten:

   Erster Schritt: Achte zunächst nur auf den **Inhalt** und stelle dir dann folgende Fragen:
   - Ist der Höhepunkt deutlich herausgearbeitet?
   - Habe ich etwas Wichtiges vergessen?

   Zweiter Schritt: Konzentriere dich jetzt auf die treffende **Wortwahl** und auf die **Rechtschreibung.**
   Wenn dir noch ausreichend Zeit bleibt, kannst du die Arbeit Satz für Satz von hinten nach vorne lesen.

ERKLÄRUNG

Beispiele für gelungene Schüleraufsätze

Glück gehabt

Am Stadtrand nahe unserer Wohnung steht ein altes, baufälliges Haus, in dem niemand mehr wohnt. Für uns ist das der schönste Spielplatz, obwohl es verboten ist hineinzugehen.

Letzten Freitag spielten wir dort Verstecken. Ich musste suchen. Bei den verwinkelten Räumen ist das gar nicht einfach, denn es gibt tolle Verstecke. Ich zählte bis hundert und rief: „Ich komme!“, als ganz überraschend jemand an die morsche Haustüre klopfte. Ohne eine Antwort abzuwarten, trat ein mir unbekannter Mann ein. „Was machst du da?“, fragte er mich. „Was machen Sie da?“, fragte ich zurück. „Dieses Haus gehört mir, es ist verboten, darin zu spielen“, sagte der Unbekannte drohend. „Was macht denn der da?“, hörte ich meine Freundinnen hinter mir fragen. Ich konnte ihnen nicht einmal antworten, da meinte der schlanke Mann: „Das Betreten des Hauses ist verboten, da kann leicht etwas herunterfallen.“ Dann verließ er das Haus.

Aber wir schlugen die Warnung in den Wind. Meine Freundinnen versteckten sich abermals. Als ich wieder bis hundert gezählt hatte, fing ich zu suchen an. Ich fand alle, nur Lisa nicht. Ich durchsuchte das ganze Haus – nichts. Wir machten uns langsam Sorgen, doch da hörten wir plötzlich einen Schrei. „Das kommt von oben!“, rief Kathi und rannte die morsche Holztreppe hinauf. Noch einmal hörten wir den Schrei. Wir liefen durch den ganzen Dachboden.

Plötzlich fiel mir ein großer Ziegelstein vor die Füße. Viele Gedanken wirbelten in meinem Kopf umher. Ob es Lisa auch so ergangen war und ein Stein sie getroffen hatte? Wieso hatten wir auf die Warnung des Mannes nicht gehört? Wäre ich nur einen Schritt weiter gegangen ... Ich wollte gar nicht daran denken.

„Hilfe!“, drang es plötzlich aus einem großen umgestürzten Kasten. Der Schrank lag genau auf den Holztüren. Wir erstarrten. Als wir uns wieder gefasst hatten, versuchten wir den Schrank aufzuheben. Es gelang uns erst beim dritten Anlauf. Ich riss die Tür auf. Schmutzig und verschwitzt lag sie darin – Lisa. Wir kamen gar nicht auf die Idee, sie zu fragen, was geschehen sei, sondern rannten nur noch aus dem Horrorhaus hinaus. Auf der Straße erzählte uns Lisa, was passiert war.

Nach diesem Abenteuer war uns die Lust am Versteckenspielen in alten Häusern vergangen. *(Clemens)*

Das werde ich nicht so schnell vergessen!

Vor zwei Wochen habe ich ein schwarzes Kätzchen bekommen. Ich habe damit viel Freude und Spaß, aber vor einigen Tagen hat uns Kitty, so heißt mein kleiner Fratz, in große Aufregung versetzt.

Wir saßen gerade im Garten und spielten mit dem Ball, als Michael, mein Bruder, plötzlich das Spiel unterbrach und mich fragte: „Hörst du, wie Kitty jammert?" Tatsächlich hörte ich ein leises Maunzen, das immer lauter wurde. Jetzt hatten wir Kitty entdeckt.

Sie kauerte hoch droben auf einem zarten Ast eines Apfelbaumes und jammerte. „Ich glaub, die traut sich nicht mehr herunter", stellte ich fest, „ich muss ihr helfen." Und schon kletterte ich behände den Stamm hinauf.

„Noch einen Ast, dann müsste ich Kitty erreichen", überlegte ich. Aber so sehr ich mich streckte, ich konnte Kitty nicht erreichen, denn das dumme Tierchen wich eher furchtsam zurück, statt meiner Hand entgegenzukriechen. Ich musste also noch ungefähr eine Armlänge höher klettern, um an das Kätzchen heranzukommen. „Kitty, komm, ganz ruhig!", rief ich und griff mit der rechten Hand nach dem ängstlichen Tierchen, während ich mich mit der linken an einem Ast festhielt.

In diesem Moment aber machte es kracks! und ich griff ins Leere. Ich spürte, wie es mir den Magen gegen den Hals drückte. Der zarte Ast, auf dem ich hockte, war gebrochen und ich stürzte kopfüber auf einen dicken Ast, wo ich mich an einem Zweig verzweifelt festhalten konnte. Ich sah geradewegs auf Michi, der den Mund weit offen stehen ließ, aber keinen Laut hervorbrachte. Endlich begriff er meine Lage und rief Papa um Hilfe.

Papa kam auch gleich mit einer riesigen Leiter und befreite mich aus meiner unglücklichen Situation, dann holte er Kitty vom Baum herunter.

Ich hatte Gott sei Dank nur einige Hautabschürfungen an der linken Hand und am rechten Knie abbekommen. Kitty aber nahm keine Notiz von den Folgen meiner Rettungsaktion.

ERKLÄRUNG

Erzählen nach Bildern

Elisabeth soll eine Bildergeschichte zu einer Geschichte in Worten umformen. Außerdem soll sie eine eigene Überschrift zu der Geschichte erfinden.

„Eine leichte Sache für mich", denkt sie und schreibt folgenden Aufsatz:

Der blöde Doktor

Ein Mädchen, das finster dreinblickt, steht zwischen Doktor und Mutter. Der Doktor sagt wahrscheinlich, dass sie den Mund aufmachen soll. Auf dem zweiten Bild sieht man, wie der Doktor seine Zunge herausstreckt und mit dem Zeigefinger auf sie zeigt. Die Mutter lächelt. Aber das Mädchen ...

In diesem Moment unterbricht sie die Lehrerin bei der Arbeit. Sie stellt fest, dass die Aufgabe nicht so gelöst werden sollte.

153 ÜBUNG

Kannst du feststellen, warum die Aufgabe bisher nicht richtig gelöst wurde?

Martin hat inzwischen seinen Aufsatz fertig geschrieben und ihm folgende Überschrift gegeben:

Ach, diese Erwachsenen!

Neulich musste ich mit Mutti zum Doktor gehen.(1) Mein Husten war zwar schon etwas leiser geworden, aber Mutti meinte, dass der Doktor mich unbedingt untersuchen sollte.(2)
In der Ordination sagte der Arzt mit freundlicher Miene:(3) „So, meine Kleine, jetzt setz dich schön hin, tue alles, was ich dir sage, dann bekommst du ein Zucki!"(4) Das ärgerte mich schon, denn erstens bin ich nicht „seine Kleine", und zweitens schmecken seine „Zucki" grauslich.(5) Dann forderte er mich auf, ihm die Zunge zu zeigen.(6) „Das kenn ich", dachte ich mir, „und dann ist er mir nachher gewiss böse."(7) Meine Mutter schien diese Gedanken zu erraten.(8) Sie redete mir zu:(9) „Dem Herrn Doktor darfst du ruhig die Zunge zeigen."(10) Als ich mich dennoch weigerte, obwohl mir Doktor Brummer und Mutti zeigten, wie man es macht, gab Mami auf.(11) Der Doktor aber erklärte, wenn ich ihm nicht sofort die Zunge zeigen würde, wäre ich eine dumme, eingebildete Göre.(12) Als alle seine Überredungskünste nichts nützten, forderte er Mutti und mich auf, die Ordination zu verlassen.(13) „Wenn du jetzt krank wirst, bist du selber schuld, und Zucki kriegst du auch keines."(14) Mutti schien auch böse zu sein auf den unfreundlichen Doktor, und stolz ging sie mit mir Richtung Tür.(15) Diesen Augenblick nützte ich;(16) ich drehte mich kurz entschlossen um und zeigte Doktor Brummer meine Zunge in ihrer vollen Länge, denn die „eingebildete Göre" wollte ich mir nicht gefallen lassen.(17) Manchmal verstehe ich das nicht:(18) Wann darf man was wie wo machen?(19) Doch so sind halt die Erwachsenen.(20)

An Martins Aufsatz siehst du, was eine gute Bildergeschichte ausmacht:

- Eine Bildergeschichte ist eine Geschichte in Bildern. Daher dürfen wir die vorliegenden Bilder nicht nur beschreiben, sondern **wir verbinden die Bilder** (Standbilder) zu einem „Film".
- **Wir erzählen** dabei auch das, was nicht gezeichnet ist, was also zwischen den Bildern geschieht.
- Das **Präteritum** (die Mitvergangenheit) ist die **geeignete Zeitform** für die Bildergeschichte.

Ist dir klar, worauf es ankommt, wenn du eine Bildergeschichte schreiben sollst?

154 ÜBUNG

Stelle fest, ob Martin die wichtigsten Tipps für die Gestaltung einer Bildergeschichte berücksichtigt hat. Beantworte dazu folgende Fragen schriftlich:

1. Hat Martin die Bilder beschrieben oder einen „Film" entstehen lassen?
2. Schreib die Sätze heraus, für die es keine Bilder gibt. (Wo hat Martin Fehlendes ergänzt?) Du musst nur die Ziffern angeben, die hinter den Sätzen stehen.
3. Welches Mittel hat Martin wiederholt verwendet, um den Aufsatz so zu gestalten, dass die Bilder lebendig werden?
4. Hat er die passende Zeitform verwendet?

Wenn du eine Bildergeschichte schreiben sollst, gehst du am besten schrittweise vor:

Erster Schritt: Schau dir die Bilder genau an und schreib auf, was du siehst. Stelle die **W-Fragen** und gib darauf die entsprechenden Antworten.

Wer ist beteiligt?
Was geschieht?
Wo geschieht es?
Wann geschieht es?
Wie geschieht es?
Warum geschieht es?

Beispiel: **Bild 1:** Ein Mädchen steht vor einem Arzt, der ihr offensichtlich freundlich zuredet. Eine Frau nebenan, wahrscheinlich die Mutter, unterstützt offensichtlich den Arzt.

TIPP

Es ist anschaulicher für dich und für den Leser, wenn du in deiner Arbeit den Personen passende Namen gibst, zB Doktor Brummer.

Zweiter Schritt: Ergänze, was nicht gezeichnet ist. Schreib, was zwischen den Bildern passiert sein könnte.
Martin erzählt in seinem Aufsatz mehr von dem, was zwischen den Bildern passiert ist, als von dem, was auf den Bildern zu sehen ist.

Dritter Schritt: Plane den Aufbau deiner Bildergeschichte.
Sie gliedert sich – wie die Erlebniserzählung – in **Einleitung**, **Hauptteil** und **Schluss**.

Einleitung: erklärt dem Leser die Situation.
Dabei musst du dir überlegen, was vor dem ersten Bild geschehen sein könnte. Die Fragestellung lautet: Was geht voraus?

Hauptteil: enthält die Bildergeschichte. Wichtig ist, dass du auch das erzählst, was zwischen den Bildern passiert.
Die Pointe, das ist das Überraschungsmoment, kommt in der zweiten Hälfte des Hauptteils vor.

Schluss: Er zeigt, was am Ende folgt, oder bewertet das Geschehen (wie zB der Schluss-Satz im Aufsatz von Martin, Seite 133).

TIPP

Wenn du **wörtliche Reden** verwendest, wenn du **Gedanken** und **Gefühle** ausdrückst, gewinnt die Arbeit Lebendigkeit und Anschaulichkeit.

Versetze dich als Erzähler (das bist du, wenn du den Aufsatz schreibst) in die Personen der Geschichte. Warum? Der Erzähler weiß, was die Person, von der die Geschichte gerade handelt, denkt, fühlt und was sie tun will.
Die wichtigsten zwei Möglichkeiten, wie man als Erzähler die Geschichte darstellen kann, möchte ich dir zeigen:

- Der Erzähler ist allwissend. Er weiß, was jede Figur seiner Geschichte denkt, fühlt und beabsichtigt.

- Der Erzähler bringt die Geschichte aus dem Blickwinkel nur einer Person der Handlung. Dafür eignet sich die Ich-Form am besten, weil man sich hier als Leser leicht in die Situation der Person versetzen kann. So hat es zB Martin in seinem Text gemacht. Er ist gewissermaßen das Mädchen, das erzählt.

TIPP

Entscheide dich am Beginn deiner Arbeit für eine wichtige Person der Handlung und erzähle aus ihrer Sicht das Geschehen. Es erleichtert dir die Vorstellung und wirkt für den Leser anschaulich. Gib der Person einen Namen.

155 ÜBUNG

Erzähle die Bildergeschichte und gib ihr einen passenden Titel.
Lies vorher die Tipps auf Seite 137.

TIPP

Überlege, was du tun sollst, bevor du zu schreiben beginnst.

1. **Schritt:** Schau dir die Bilder so genau und so lange an, bis dir der Zusammenhang völlig klar ist.
2. **Schritt:** Bezeichne das Bild, das die Pointe enthält, mit P.
3. **Schritt:** Überlege, aus welcher Sicht du die Geschichte erzählst:
   - jemand, der die ganze Handlung erfahren hat (zB die Mutter, die das Ereignis vom Kind erzählt bekommen hat, und es jetzt Nachbarn erzählt);
   - jemand, der beteiligt ist: der Dieb oder das Kind.
4. **Schritt:** Erstelle eine grobe Gliederung in Einleitung, Hauptteil und Schluss.

156 ÜBUNG

Überprüfe anschließend, ob du folgende Einzelheiten berücksichtigt hast:

1. Gibt es zwischen Einleitung, Hauptteil und Schluss Absätze?
2. Hast du das Präteritum verwendet?
3. Erfährt der Leser in der Einleitung, an welchem Ort die Geschichte spielt?
4. Auf welchem Weg und wie kommt der Mann ins Zimmer?
5. Hast du überlegt, wann der Bub aufwacht und was ihm durch den Kopf geht? Sind seine Gedanken klar genug ausgedrückt?
6. Wo bahnt sich der Höhepunkt in deiner Geschichte an?
7. Im ersten und letzten Bild liegt der Bub in der gleichen Weise im Bett. Was ist der Unterschied?

Überprüfe im Lösungsheft, ob diese Fragen berücksichtigt sind.

157 ÜBUNG

Der Goldsucher im Wilden Süden.
Schreib eine Geschichte zu der folgenden Bildserie.

- Überlege dir nach dem Muster der vorigen Übungen den Aufbau. Bezeichne das Bild, das die Pointe enthält. Warum ist der eine verkleidet?
- Überlege vorher: Wie kommt einer auf die Idee Gold zu suchen? In welcher Landschaft spielt die Geschichte? Welches Klima herrscht dort? Welche Mühen und Anstrengungen leisten die beiden?

Zuerst ein Beispiel eines Schüleraufsatzes:

Der Goldgräber

Es war einmal ein armer Bauer, der von allen ausgelacht wurde.

Er wollte es den anderen beweisen. Deshalb nahm er sich einen Esel und brach auf. Zuerst ging er durch die Wüste. Dann ging er auf einen Berg. Doch der Esel wollte und wollte nicht. Also musste er ihn hinaufziehen.

Das Gleiche spielte sich beim Hinuntergehen ab. Stunden später wollte er schon aufgeben, doch da sah er etwas funkeln. Er merkte, dass es echtes Gold war. Er rief: „Endlich habe auch ich Glück!"

Dann auf einmal geschah etwas Seltsames. Ein Mann tauchte aus dem Eselskostüm auf. Und sagte: „Gold oder Leben!" „Leben!", antwortete Mister Smith. Darauf erwiderte der Mann im Eselskostüm: „Pech gehabt!" und nahm ihm das Gold. Glück gehabt, Mister Smith! Trotzdem!

Dass die Geschichte nicht besonders gut gelungen ist, wird dir selbst aufgefallen sein. Die Lehrerin könnte Folgendes dazugeschrieben haben:

Zum Aufbau:

In der Einleitung fehlen die nötigen Informationen. Wo spielt die Geschichte? Manche Erzählschritte sollten umfassender ausgestaltet sein und mehr inhaltliche Details enthalten, zB die Plagerei mit dem Esel. Es ist nie von Müdigkeit oder Hitze die Rede. Der Leser wird nicht zur Pointe hingeführt, sie wird mit keiner einzigen Andeutung vorbereitet. Allerdings hast du den Witz erfasst und die Pointe gut ausgestaltet, nur die Pistole hast du vergessen.

Zur Sprache:

Sprachlich einfach, aber der Satzbau ist richtig. Du verwendest zu oft „er", weil du die Hauptfigur nicht benannt hast. Du verwendest fast nur kurze Sätze, einige solltest du verbinden.

Anmerkungen zu den einzelnen Stellen (geordnet nach Zeilennummern):

Titel: Vorschlag, der genau zum Aufsatz passt: *Ein Goldgräber, der einmal Glück hatte*

1: Bauer? (Besser: Farmer, der in einer kleinen Stadt im Osten der USA lebte.) Warum wird er ausgelacht? (Weil er es zu nichts gebracht hat in seinem Leben, weil er bisher immer ein Unglücksrabe gewesen ist, immer nur Pech gehabt hat.) Gib dem Mann einen Namen und beschreibe ihn kurz.

2: Was wollte er den andern beweisen? (Dass auch er zumindest einmal im Leben Glück haben würde, dass auch er etwas Besonderes zuwege bringt?) Wohin brach er auf? (in den Wilden Süden). Wozu? (um einen Esel zu kaufen, zu stehlen, beim Würfeln zu gewinnen?) Was nimmt er mit? (Proviant, Ausrüstung, siehe Bilder).

4: Was wollte der Esel nicht? (Den steilen Weg hinaufklettern, noch dazu, wo er so schwer bepackt war.)

4: Warum wollte der Esel doch? (Nach langem Zureden setzte sich der Esel in Trab.)

6: Wenn das Hinaufgehen ausführlicher geschildert wird, genügt „das Gleiche", aber das Hinaufgehen ist nicht so genau beschrieben.

7: Das „Aufgeben" folgt zu rasch, die Stunden kommen nicht zum Ausdruck.

7: Wo sah er etwas funkeln? (auf dem Boden, im Sand …); dass ***es*** Gold war: Was war Gold? (der glänzende Stein)

8: Sein Glücksgefühl mehr „ausschmücken", was tut er (er macht einen Freudensprung, wirft die Arme in die Höhe …)

9: Die Überraschung ist noch zu schwach ausgedrückt. (Besser: Es geschah etwas, das mehr als seltsam war, sogar im Wilden Süden).

10–13: Treffend, anschaulich durch direkte Reden ausgedrückt!

158 ÜBUNG

Schreib eine verbesserte Fassung nach diesen Ratschlägen.
(Eine Lösung geben wir hier nicht, weil schon so viel vorgegeben ist. Dafür findest du im Lösungsheft einen anderen guten Schüleraufsatz.)

13. KAPITEL

Nacherzählen

mailto:exdirex.fies@out.com

Es geschah letzten Freitag. Ich wollte Enzo gerade wieder einmal ein bisschen zur Schnecke machen. Ich hatte ihn die längste Zeit dabei beobachtet, wie er mit Emmy hinter meinem Rücken Bilder von Pop-Stars austauschte. Ich war mir also sicher, dass er eine Null-Meldung schieben würde. Ich sah, wie er seine Stirn in Falten legte. Schon begann mein dicker roter Filzfreund wie von selbst an der Minus-Spalte in meinem Notizblock zu schaben. Da sah ich über Enzos Kopf wie aus dem Nichts eine „Durchstarten"-Denkblase wachsen. Ich konnte hören und sehen, wie sie ihm schamlos alles einflüsterte, was ich von Enzo wissen wollte. Enzo gab nun eine richtige Antwort nach der anderen. Emmy verzog währenddessen keine Miene. Kaum hatte er fertig gesprochen, verschwand die Blase so plötzlich, wie sie entstanden war. „Hast du die Blase gesehen? Das war Betrug", rief ich zu Emmy. „WEN gesehen? ÜBER Enzos Kopf? Eine WAS? Eine BLASE? Sie sehen zu viel fern, Miss Minus!", lachte Emmy.

Was sollte ich tun? Ich legte meinen geliebten roten Filzfreund beiseite, nahm die kaum gebrauchte grüne Füllfeder und gab Enzo zähneknirschend sein Plus. Jetzt frage ich Sie: Bin ich übergeschnappt?

Ihre mm

mailto:miss.minus@1.Klasse

Übergeschnappt? Das wäre zu viel gesagt.
Aber unter Verfolgungswahn scheinen Sie doch ein wenig zu leiden.
Sagen Sie mir: Würde es Ihnen helfen, wenn ich ein Exemplar von diesem „Durchstarten" kaufen und vor Ihren Augen ungelesen zerreißen würde?

Mitfühlendst, Ihr Ex-Direktor Fies ☹

ERKLÄRUNG

Nacherzählen

Du kennst vielleicht eine ähnliche Situation:
Gerade in dem Moment, als im Fernsehen die Fortsetzung des knallharten Krimis beginnt, möchte Sebastians Mutti die Hausaufgabe sehen. Sebastian musste einen Text im Lesebuch nacherzählen. Und so lautet seine eilig hingeschriebene Nacherzählung:

> *Er wurde in einer großen Fabrik hergestellt und musste viel erleiden, bevor er nach Paris an einen der größten Huthändler geliefert wurde. Da hat ihn ein vornehmer Herr gekauft, bei dem er sorgfältig gepflegt wurde. Aber eines Tages landete er im Wasser. Dann zog ihn ein Lumpensammler aus dem Wasser. Dann wurde er von einem afrikanischen Stammeshäuptling aufgesetzt.*

Sebastians Mutter schüttelte nur den Kopf, weil sie sich verständlicherweise bei der Geschichte nicht auskannte. Kein Wunder – Sebastian hatte nicht einmal den Titel der Textvorlage hingeschrieben.
Sicher ist Sebastians Fassung kürzer als die Vorlage, aber die Zusammenhänge sind gänzlich unklar. Daneben gibt es auch sprachliche Mängel. Sebastian spürt verärgert, dass er den Fernsehkrimi vergessen kann. Denn er sieht ein, dass seine Arbeit gründlich verbessert werden muss.
Zunächst liest auch Sebastians Mutter die Textvorlage durch.
Vermutlich möchtest du auch jetzt wissen, wie die Geschichte heißt und worum es geht.
Der Text:

> ***Lebenslauf eines Hutes, von ihm selbst erzählt***
> *Ich erblickte das Licht der Welt in einer großen Fabrik, in der Hüte verschiedenster Art hergestellt wurden. Mehrere Tage hindurch musste ich eine Menge Handgriffe […] erdulden. Man schnitt mich zurecht, man weitete mich, man glättete mich. Eines Abends wurde ich dann mit meinen Leidensgefährten an den größten Huthändler von Paris gesandt. Dort stellte man mich ins Schaufenster. Ich war einer der schönsten Zylinderhüte, die es in der Auslage gab. Ich […] war so elegant, dass die vornehmen Herren, die mich entdeckten, mich lange und aufmerksam betrachteten. […]*
> *Eines Abends betrat ein vornehmer, fein gekleideter Herr den Laden. Der Huthändler empfing ihn mit größter Zuvorkommenheit, zeigte ihm meine Kollegen, die wie ich aus der gleichen Hutfabrik hierher gebracht worden waren, und führte schließlich auch mich vor, länger als die anderen. War ich nicht auch der schönste von allen? Endlich nahm mich der Kunde in die Hand und betrachtete mich von allen Seiten […]. Er zückte eine Geldtasche, die so prall mit Banknoten gefüllt war, dass der Kaufmann beim Anblick von so viel Reichtum den doppelten Preis verlangte. Mein erster Auftritt am folgenden Tag war glänzend. Mein Herr, einer der elegantest angezogenen Gentlemen, setzte mich auf […] und alle seine Freunde bewunderten meine […] elegante Form*

und meine sonstigen Vorzüge. Mehrere Monate hindurch führte ich ein ausgezeichnetes Leben. Mit welcher Sorgfalt entfernte man den Staub von mir! [...] Man bürstete mich abends, man bürstete mich morgens.
Eines Abends hörte ich, dass sich der Kutscher zu verheiraten beabsichtigte. Mein Gebieter, der ihm ein Geschenk machen wollte, hatte mich dafür ausersehen, und von diesem Augenblick an hatte ich leider ein anderes Haupt zu bedecken. Mein Leben änderte sich jetzt völlig. Gleich am ersten Tag fiel ich dreimal in den Straßendreck. [...] Ich beschloss, mich dafür zu rächen, schrumpfte zusammen, und zwar so gründlich, dass mich der Kutscher nun nicht mehr als Kopfbedeckung benutzen konnte. Er nahm mich unter den Arm, brachte mich zu einem ganz gewöhnlichen Trödler und verkaufte mich für wenig Geld.
Nachdem man mich gesäubert hatte, gelangte ich wieder in ein Schaufenster, diesmal jedoch wurde ich einfach an einem schmutzigen Bindfaden aufgehängt und so dem Publikum zum Verkauf angeboten. „Matthias, komm her", hörte ich jemanden sagen, „du brauchst einen Hut für die Feiertage; hier ist einer, der dir passen wird!" Jetzt kam ich nur noch sonntags auf die Straße und auch nur bei schönem Wetter; denn ich hatte 2,45 Franc gekostet und musste deshalb geschont werden.
Eines Tages, als Matthias und seine Frau spazieren gingen, wurde ich von einem Windstoß in die Lüfte geschleudert. Nach einigen Sekunden, während deren ich eine Todesangst ausstehen musste, fiel ich in den Fluss. Hier schwamm ich nun ruhig im Wasser, inmitten der erschrockenen Fische, die mich vorsichtig beäugten. Plötzlich fühlte ich mich von einem langen Stock ans Ufer gezogen. Hier stürzte sich ein gemeiner Lumpensammler auf mich, ergriff mich mit gierigen Händen, und bald hatte ich neue Folterqualen in einer schmutzigen, finsteren, kleinen Hütte zu erdulden; sie war der Lagerraum eines Hoflieferanten afrikanischer Häuptlinge.
Ich wurde schließlich verpackt. Mehrere Wochen reiste ich so in die Welt, in Papier und Pappe eingeschlagen. Eines [...] Morgens, als ich die Augen öffnete, sah ich zu meinem Schrecken Menschen von dunkler Farbe vor mir stehen. Ihr Gesicht bestand in der Hauptsache aus einem Paar gewaltig dicker Lippen. Als Kleidung trugen sie nur eine altmodische Badehose. Nase und Ohren waren mit Ringen geschmückt. Einer dieser seltsamen Männer saß abseits allein auf einer Kekskiste. Er hatte eine Art Zepter in der Hand, einen abgenutzten Federwisch. Sein Rücken war von einem Löwenfell bedeckt. [...] Zwei schwarze Hände fassten mich plötzlich vorsichtig an; ich war zu Tode erschrocken und kam erst wieder zu mir, als ich sah, dass sie nicht abfärbten. Dann wurde ich auf die Spitze dieses schwarzen Fleischklumpens gesetzt, der einen König darstellte.
Und dann erlebte ich doch noch einmal glückliche Tage. Einige Male brachten die allzu heißen Sonnenstrahlen meinen Glanz zum Schwinden, und manchmal benutzte mich mein praktisch veranlagter Herr als Kochtopf. Aber all dies war für mich kein Grund, das Haupt des schrecklichen Bam-Boum nicht auch weiterhin zu schmücken. [...]

Ich schreibe diese Zeilen am Ende meiner Tage. [...] Vielleicht werde ich, wenn ich ausgedient habe, als Ausstellungsstück verehrt, weil ich einst den Schädel des Königs des Nigers, meines erhabenen Gebieters Bam Boum, schmückte.
(Antoine de Saint Exupery: Tasten und Träume, hg. von E. Orthband, Westermann, Braunschweig 1956; geringfügig verkürzt und bearbeitet)

Ich nehme an, dass dich die Geschichte vom Hut interessiert hat. Aber Sebastians Nacherzählung hat dir vermutlich nicht gefallen.
Versuche nun festzustellen, was Sebastian verbessern muss.

159 ÜBUNG

Überlege dir:

1. Stimmt die Reihenfolge? Hat Sebastian genau erklärt, **was** der Reihe nach geschehen ist?
2. Das Ende der Geschichte: Ist dem Leser klar, **wie** der Hut in den Besitz eines afrikanischen Königs gekommen ist?
3. Die sprachliche Form: Was fällt dir (unangenehm) auf?
4. Die Zeitform: Sebastian hat einmal die Zeitform gewechselt. Ist das begründet?

Eine Nacherzählung soll den Leser oder Hörer interessieren und alle wichtigen Informationen enthalten. Eine vollständige Nacherzählung gibt Antwort auf die **W-Fragen**:

Wer ist beteiligt?	►	(wichtige) Personen der Handlung
Wo geschieht es?	►	Ort
Wann geschieht es?	►	Zeitpunkt; Dauer
Was geschieht?	►	Handlungsablauf
Wie geschieht es?	►	Umstände
Warum geschieht es?	►	Grund des Geschehens

160 ÜBUNG

Versuche nun selbst eine Nacherzählung zu der Textvorlage von Saint-Exupery zu schreiben. Denk an die Hinweise, die du vorhin gelesen hast.

161

ÜBUNG

Ein weiteres Übungsbeispiel fürs Nacherzählen gefällig? Lies die folgende Geschichte von Selma Lagerlöf und verfasse eine Nacherzählung.

Die Wölfe von Sonfjället

Vor langer, langer Zeit sollen die Wölfe von Sonfjället im mittleren Schweden einmal einen Bauern überfallen haben, der mit einer Ladung Böttchergefäße umherfuhr. Es war Winter, und die Wölfe jagten hinter dem Schlitten her, als er eben über das Eis des Ljusnan hinüberfuhr. Es waren ihrer wohl acht bis zehn Stück, und der Bauer hatte kein gutes Pferd, sodass er nicht viel Hoffnung hatte ihnen entkommen zu können.

Als der Mann die Wölfe hinter sich heulen hörte und sah, was für ein großes Rudel er im Rücken hatte, verlor er alle Besinnung, und es fiel ihm nicht ein, dass er Kübel, Bottiche und Wannen eiligst von seinem Schlitten hätte werfen sollen, um die Last zu erleichtern. Er peitschte nur auf das Pferd los und dieses lief auch wie noch nie. Aber trotzdem kamen die Wölfe immer näher, das merkte der Bauer wohl. Es war eine sehr einsame Gegend, der nächste Hof lag mindestens noch zwei Meilen entfernt. Der Bauer konnte nichts anderes erwarten, als dass seine letzte Stunde gekommen sei, und er fühlte, wie ihm vor Entsetzen alle Glieder erstarrten.

Während er so wie gelähmt dasaß, sah er, dass sich zwischen den Tannenbüschen, die auf dem Eis aufgepflanzt waren, um den Weg zu bezeichnen, etwas bewegte. Und als er es erkannte, wuchs der Schrecken, der ihn schon vorher erfasst hatte, ins Ungeheure.

Aber nicht Wölfe waren es, die ihm da entgegenkamen, sondern ein altes Bettelweib. Sie hieß die Finnen-Malin und war eine Landstreicherin. Sie hinkte ein wenig und hatte überdies einen kleinen Höcker; er konnte sie schon aus der Ferne erkennen.

Die Frau ging gerade auf die Wölfe zu, offenbar wurden sie durch den Schlitten vor ihr verdeckt. Dem Bauern war es sogleich klar: Wenn er an ihr vorüberfuhr, ohne sie zu warnen, dann fiel sie den wilden Tieren unweigerlich zur Beute, und während diese die Alte zerrissen, konnte er entkommen. Auf ihren Stock gestützt, hinkte sie langsam daher. Ja, sie war unrettbar verloren, wenn er ihr nicht half. Aber wenn er auch anhielt und sie auf den Schlitten nahm, war es durchaus nicht sicher, dass sie gerettet würde. Wenn er es tat, war es mehr als wahrscheinlich, dass er von den Wölfen eingeholt würde, und dann würden alle miteinander, er und die Alte und das Pferd, zerrissen und aufgefressen werden. Der Bauer fragte sich, ob es nicht besser wäre, ein Leben zu opfern, um zwei andere zu retten.

Aber damit war es noch nicht genug. Er musste sogleich auch daran denken, wie es ihm wohl nachher selbst gehen würde; ob er Gewissensbisse bekäme, weil er dem Weib nicht geholfen hatte, ob die Leute erführen, dass er ihr begegnet war und sie im Stich gelassen hatte. In seiner Brust entspann sich ein großer Streit, und er sagte sich schließlich: „Es wäre mir viel lieber, ich wäre ihr gar nicht begegnet!“

In diesem Augenblick stießen die Wölfe ein lautes Geheul aus. Das Pferd schreckte zusammen, fuhr wild davon und jagte an dem Bettelweib vorüber. Sie hatte das Wolfsgeheul auch gehört, und als der Bauer an ihr vorübersauste, las er in ihrem Gesicht, dass sie wusste, was ihr bevorstand. Sie stand da, den Mund zu einem Schrei geöffnet und die Arme um Hilfe ausgestreckt, aber sie hatte weder geschrien noch einen Versuch gemacht, sich auf den Schlitten zu werfen. Sie musste wohl von irgendeiner Erscheinung wie versteinert worden sein.

„Ich habe wohl wie ein böser Geist ausgesehen, als ich an ihr vorüberfuhr“, dachte der Bauer, und er versuchte sich jetzt, wo er seines Lebens sicher sein konnte, zufrieden zu fühlen. Aber in demselben Augenblick begann es in seiner Brust zu arbeiten und zu brennen. Er hatte noch nie etwas Böses getan, und nun hatte er in einem einzigen Augenblick sein Leben verdorben. „Nein, es mag gehen, wie es will!“, rief er plötzlich und hielt das Pferd an. „Ich kann sie nicht mit den Wölfen allein lassen.“

Nur mit großer Mühe gelang es ihm, das Pferd zu wenden; aber schließlich brachte er es doch zustande, und er hatte die Finnen-Malin bald wieder erreicht.

„Steig schnell in meinen Schlitten!“, befahl er in barschem Ton; denn er war wütend über sich selbst, weil er das Weib nicht seinem Schicksal überlassen konnte. „Du tätest auch besser daheim zu bleiben, anstatt dich immer herumzutreiben, du alte Hexe“, fuhr er fort, „jetzt werden wir beide deinetwegen umkommen, der Rappe und ich.“

Das Weib erwiderte kein Wort, aber der Bauer war jetzt in einer so verzweifelten Stimmung, dass er sie nicht schonen konnte. „Der Rappe ist heute schon fünf Meilen gelaufen, da wirst du begreifen, dass er bald ermattet sein wird. Und die Last ist nicht leichter geworden, seit du dazugekommen bist.“ Die Schlittenkufen knirschten auf dem Eis; aber trotzdem vermeinte er zu hören, wie die Klauen der Wölfe hinter ihm aufschlugen, und er fühlte, dass die Raubtiere ihn nun eingeholt hatten.

„Jetzt ist es aus mit uns“, sagte er. „Dass ich dich zu retten versucht habe, ist weder dir noch mir gut bekommen, Finnen-Malin!“

Erst jetzt sprach das Weib ein paar Worte. Vorher hatte sie nur geschwiegen, wie jemand, der an Scheltworte gewöhnt ist.

„Ich kann nicht verstehen, warum du deine Gefäße nicht abládst und die Last erleichterst“, sagte sie. „Du kannst ja morgen früh wiederkommen und sie zusammenlesen.“

Der Bauer verstand, welch ein kluger Rat das war, und war nun höchst erstaunt, dass er nicht selbst daran gedacht hatte. Er übergab dem Weib die Zügel, löste den Strick, der die Gefäße zusammenhielt, und begann eifrig, sie abzuladen. Die Wölfe jagten schon neben dem Schlitten her, hielten aber jetzt an, um zu untersuchen, was da aufs Eis flog, und dadurch bekamen die Reisenden wieder einen kleinen Vorsprung.

„Wenn das nicht hilft, werde ich mich selbstverständlich den Wölfen ausliefern, damit du entkommst", sagte die Finnen-Malin.
Als sie dies sagte, war der Bauer eben dabei, einen großen Braubottich vom Schlitten hinabzustoßen. Aber plötzlich hielt er inne, als ob er sich nicht entschließen könne, diesen abzuladen. In Wirklichkeit jedoch waren seine Gedanken von etwas anderem in Anspruch genommen. „Ein Pferd und ein Mann, denen gar nichts fehlt, sollten doch eigentlich nicht gezwungen sein, sich wegen einer alten Frau von den Wölfen fressen zu lassen", dachte er. „Es muss doch wohl noch einen Ausweg zur Rettung geben. Ja, ganz sicher gibt es einen; der Fehler ist nur, dass ich ihn nicht finden kann."
Schließlich schob er wieder an dem Braubottich; doch plötzlich hielt er wieder inne und brach in lautes Lachen aus.
Das Weib sah ihn erschrocken an und fragte sich, ob er verrückt geworden sei; aber der Bauer lachte nur über sich selbst, weil er bisher so dumm gewesen war. Jetzt wusste er, was er tun musste, es war das Einfachste von der Welt, und er konnte gar nicht begreifen, dass es ihm nicht früher eingefallen war.
„Pass nun wohl auf, was ich sage, Malin!", begann er. „Was du da gesagt hast, dass du dich den Wölfen vorwerfen wolltest, war wirklich gut von dir. Aber das ist nicht nötig, denn ich weiß jetzt, wie uns allen dreien geholfen werden kann. Du musst jetzt nur tun, was ich sage. Du behältst die Zügel, und was ich auch tue, du bleibst ganz ruhig sitzen und fährst geradewegs nach Linsäll. Dort weckst du die Leute auf und sagst ihnen, dass ich hier mit zehn Wölfen allein auf dem Eis sei, und bittest sie, mir zu helfen."
Der Bauer wartete nur, bis die Wölfe ganz dicht herangekommen waren. Dann wälzte er den großen Bottich aufs Eis hinab, sprang selbst nach und kroch darunter.
Es war ein großer, schwerer Bottich, dazu gemacht, einen ganzen Weihnachtsvorrat an Bier fassen zu können. Die Wölfe sprangen darauf zu, bissen in die Reifen und versuchten, den Bottich umzustürzen. Aber er war zu stark und zu schwer, sie konnten nichts ausrichten; der darunter saß, war sicher.
Ja, der Bauer wusste, dass er sicher war, die Wölfe konnten ihm nichts anhaben, und er lachte unter seinem Bottich.
Aber plötzlich wurde er sehr ernst. „Sobald ich wieder in irgendeiner Not bin", sagte er, „werde ich an diesen Braubottich denken; und ich werde mich daran erinnern, dass ich weder mir selbst noch anderen Unrecht zu tun brauche. Es gibt immer noch einen dritten Ausweg, es handelt sich nur darum, ihn zu finden."

(Aus: Selma Lagerlöf: Die Wölfe von Sonfjället. Aus: Die wunderbaren Jahre des kleinen Nils Holgerson mit den Wildgänsen. Nymphenburger Verlagsbuchhandlung, München o.J.)

...PAUSE!

ERKLÄRUNG

Die sieben Erfolgsrezepte der Nacherzählung

1. Die Nacherzählung ist eine **Erzählung nach einer Vorlage**.
   Du willst die Leser oder Hörer, die den Text nicht oder nicht mehr genau kennen, dafür interessieren.
2. Der Beginn der Nacherzählung muss alles enthalten, was der Leser oder Hörer braucht, damit er die Ausgangssituation versteht.
   Wer? Wann? Wo? Was?
3. Der Zusammenhang der Ereignisse muss klar ersichtlich werden:
   - **Wie** geschieht es?
   - **Warum** geschieht es?

   Denk daran, dass Zusammenhänge durch entsprechende Bindewörter verdeutlicht werden.
   Beispielsweise tut jemand etwas,
   - weil …
   - obwohl …
   - sodass …
   - damit …
4. Die Reihenfolge der Ereignisse muss stimmen (**Erzählschritte** beachten).
5. Unwichtiges soll weggelassen werden, der **Höhepunkt** muss anschaulich und ausführlich erzählt werden.
6. Die Nacherzählung soll mit eigenen Worten erfolgen, kann sich aber dem Originaltext annähern. **Wörtliche Reden** kann man verwenden, aber nur ganz wichtige.
7. Erzähle im **Präteritum** (Mitvergangenheit).

162 ÜBUNG

Sebastian hat seine erste Fassung verbessert. Du kannst nun Punkt für Punkt durchgehen, wie er die Ratschläge verwirklicht hat.

Die Text handelt von einem Hut, der seine Lebensgeschichte selbst erzählt. Der erzählende Hut entstand in einer großen Fabrik, in der Hüte verschiedenster Art hergestellt wurden. Zusammen mit anderen Hüten wurde er zum größten Huthändler von Paris gesandt und ins Schaufenster gestellt.
Eines Tages kaufte ihn um teures Geld ein vornehmer Herr, der ihn in eleganter Gesellschaft trug und ihn sorgfältig behandelte. Doch der feine Herr gab den Hut seinem Kutscher als Hochzeitsgeschenk. Beim Kutscher änderte sich sein Leben vollständig. Gleich am ersten Tag fiel er dreimal in den Straßendreck, ohne dann abgebürstet zu werden. Dafür rächte sich der Hut und begann zu schrumpfen, sodass ihn der Kutscher nicht mehr aufsetzen konnte und ihn

an einen Trödler verkaufte. Seinem nächsten Besitzer, einem gewissen Herrn Matthias, wurde der Hut von einem Windstoß vom Kopf gerissen und in die Luft geschleudert. Der Hut fiel in den Fluss. Bald schon zog ihn ein Lumpensammler mit einem langen Stock ans Ufer und brachte ihn in den Lagerraum eines Lieferanten, der afrikanische Stammeshäuptlinge belieferte. So geriet er unter Menschen mit dunkler Hautfarbe, die ihn mit ihren gewaltig dicken Lippen beeindruckten. Schließlich wurde er dem König Bam Boum aufgesetzt, der ihn als Krone, manchmal aber auch als Kochtopf verwendete.

163

ÜBUNG

Verfasse nun – zum leichteren Einstieg – eine Nacherzählung folgender Anekdote.

Was du nicht willst, dass man dir tu, das füg auch keinem andern zu!

Endlich war der Tag gekommen: Hannah hatte Geburtstag, Vater, Mutter und ihr Bruder Kevin überraschten sie schon zum Frühstück mit einem Geburtstagslied. Am Nachmittag, nach Dienstschluss der Eltern, gab es die große Geburtstagsfeier. Sieben Kerzen auf der Geburtstagstorte sollte sie auf einmal ausblasen, aber Hannah war so aufgeregt, dass bei ihrem Lufthäuchlein die Kerzen nur kurz aufflackerten. Erst beim dritten Versuch erloschen die Kerzen und endlich gab es die Geschenke: eine kleine Porzellanpuppe, über die sie sich insgeheim nicht besonders freute, und eine Menge bunter Bilderbücher, denn Hannah liebte Bilderbücher über alles. Robert, der sie oft besuchte, saß ganz still neben der Bescherung. Vielleicht war er ein wenig traurig oder gar neidisch. Jedenfalls meinte Hannahs Papa: „Hannah, du hast da so viele Bücher bekommen. Du könntest ruhig zwei oder drei an Robert verschenken.“ Hannah fand diese Idee gar nicht gut, schließlich war es ihr Geburtstag, und die Bücher waren noch ganz neu, sie wollte sie erst selbst alle genau anschauen. „Wie kommt Papa dazu, den Weihnachtsmann für Robert zu spielen!“, dachte sie verärgert. Letztlich durfte Robert doch mit zwei neuen Bilderbüchern von Hannah nach Hause gehen. Vater hatte alle Überredungskunst aufbieten müssen. „Dir bleiben ja immer noch neun“, sagte er und war überzeugt, ein erfahrener Erzieher zu sein. Einige Tage später ging Vater an seinen Bücherschrank und wollte in seinem großen Lexikon das Wort „Vater“ nachschlagen. Er hoffte darin bestätigt zu finden, dass er als Vater in der Kindererziehung seine Sache bestens macht. „Wo ist der Band V–Z?“, fragte er halblaut vor sich hin. „Es fehlen auch die Bände A–B, E–F, L–M.“

Am Abend befragte Vater alle Mitglieder der Familie, ob sie wüssten, wo die fehlenden Bände des Lexikons zu finden wären.

„Heute Morgen hat ein Mann an der Tür geklingelt“, berichtete Hannah kleinlaut. „Er wusste nicht, wie man von hier nach Frankfurt und von Frankfurt nach Wuppertal kommt. Und weil er so nett war, viel netter als Robert, habe ich ihm vier von deinen Bänden geschenkt. Das Lexikon besteht aus 13 Bänden, also bleiben dir immer noch neun.“

14. KAPITEL

Briefe und E-Mails

mailto:miss.minus@1.Klasse

Vergessen wir „Durchstarten“. Reden wir übers Schreiben. Wie haben die Menschen nur miteinander kommuniziert, als es noch keine E-Mails gab? Unvorstellbar. Kistenweise Briefe schreiben. Kiloweise Postkarten verschicken. Stundenlang Briefmarken lecken. Was das Zeit und Spucke gekostet haben muss! Igitt!
Nur einen Nachteil sehe ich, verehrte Miss Minus, jetzt kennen wir einander schon ein ganzes Jahr – und ich habe nicht die blasseste Vorstellung, was Sie für eine Handschrift haben ... zu schade.
Übrigens: Sagt man die E-Mail oder das E-Mail?

Hässlichst, Ihr Ex-Direktor Fies ☹

mailto:exdirex.fies@out.com

Tja, verehrter Ex-Direktor, die persönliche Handschrift kann der Computer eben doch noch nicht ersetzen. Aber kramen Sie doch ein wenig in Ihren alten Kisten und Schachteln. Meine Schularbeitshefte sind voll mit Buchstaben, Ziffern und Strichen aus meinem zarten Händchen.

Ihre mm
Übrigens: Wir schicken nur das E-Mail.

ERKLÄRUNG

Briefe

Petra kennt sich beim Mailen bestens aus, doch ein Mail kann sie an Frau Berger nicht schreiben, weil die Freundin ihrer Mutter keinen Computer besitzt und mit Sicherheit in nächster Zeit kein Internet-Café besuchen wird.
Frau Berger hat Petra zum Geburtstag das Spiel „Activity" geschenkt, das sich das Mädchen schon lange gewünscht hat. Sie will sich mit einem Brief bedanken.

liebe frau berger! herzlichen dank fur das spiel zum geburtstag
ich habe mich sehr daruber gefreut. wie geht es dir? mir geht
es gut.
komm bald wieder!
deine petra

Petras Mutter, die den Brief liest, ist keineswegs zufrieden damit. Sie erklärt ihr, was sie bei einem persönlichen Brief beachten soll:

ERKLÄRUNG

Die fünf Erfolgsrezepte des Briefschreibens

1. In persönlichen Briefen teilen wir dem Adressaten – das sind meistens Verwandte, Bekannte, Freunde – **persönliche Erlebnisse** oder unsere Ansichten zu einem Problem mit.
2. Stelle dir den Empfänger beim Schreiben des Briefes genau vor und schreib so, wie du mit ihm sprechen würdest: **zwanglos** und **natürlich**.
3. Beginne gleich mit der **Mitteilung** und vermeide Phrasen (das sind nichts sagende Redewendungen wie „Wie geht es dir?").
4. **Sie** als Anredefürwort wird <u>immer</u> groß geschrieben, nicht nur in Briefen, sondern in allen Texten.
5. Für die **äußere Form** beachte:
   - saubere Schrift
   - sauberes Briefpapier
   - ausreichenden Rand
   - übersichtliche Gliederung mit Angabe des Ortes, des Datums
   - Anrede- und Schlussformel

164 ÜBUNG

Schreib wenigstens zwei grobe Fehler aus Petras Brief bezüglich Inhalt und Form auf.

Petra hat inzwischen den Brief überarbeitet. Ihr Brief sieht jetzt so aus:

Wels, 3. Mai 20..

Liebe Frau Berger!

Für deine guten Wünsche zum Geburtstag bedanke ich mich herzlich. Besonders freue ich mich über das Spiel, das ich mir schon lange gewünscht habe. Karin und Irene mussten sofort mit mir spielen, und wir hatten riesigen Spaß dabei. Vor allem bei den pantomimischen Darstellungen lachten wir uns schief. Spiel doch bitte einmal mit uns, wenn du zu uns kommst!
Ich freue mich schon auf deinen Besuch.
Viele liebe Grüße sendet dir

deine dankbare Petra

165 ÜBUNG

Die folgende Aufgabe solltest du in 50 Minuten schaffen. In der Jugendzeitschrift „Trafo" steht folgende Anzeige:

Wir sind zwei elfjährige Kinder, die einige Wochen im Bett bleiben müssen. Unsere Hobbys sind: Lesen, Basteln, Skifahren. Wir wollen Briefpartner kennen lernen, die uns die Langeweile vertreiben. Bitte schreibt uns! *Regina und Thomas Frisch, beide: Lehenerstr. 45, 5020 Salzburg*

Denk dir einen Adressaten aus und schreib einen Brief, mit dem du den Kontakt knüpfen willst. Einige Überlegungen für diesen Brief:

1. **Form:** Denk an die Einzelheiten, die ein persönlicher Brief enthalten muss.
2. **Inhalt:** Mach dir zuerst Stichworte zum Brief und stelle dir einige Fragen:
   - einige Wochen im Bett bleiben müssen: Warum?
   - Hobbys: Lesen: Welche Bücher liest der Briefpartner gern? Welches hat ihm besonders gefallen? Warum? Was sind meine Hobbys?
   - Adresse: Die Kinder leben in Salzburg: Was weiß ich von dieser Stadt? Was können sie von meinem Wohnort wissen? Welche Schule besucht sie/er ?
   - Kontakte knüpfen heißt, nicht nur von sich erzählen, sondern auch auf den Empfänger eingehen.
3. **Richtigkeit:** Denk an die richtige Schreibung der Anredefürwörter.

166 ÜBUNG

Ein Brief: Elisabeth ist übersiedelt. Sie hat von dir noch ein Buch, das dir sehr viel wert ist. Fordere es zurück und frage sie auch, wie es ihr in der neuen Schule gefällt.

...PAUSE!

ERKLÄRUNG

E-Mails

Enzo schreibt lieber E-Mails und begibt sich sofort in Sendeposition.

> From: Enzo@1.Klasse
> To: Super-Kino-Center@aon.com
>
> Ich hätte gern Karten für „Rush Hour 2" nächste Woche am Samstag um 17.30 Uhr bestellt. Könnten sie mir ein paar reservieren. Das wäre echt nett von ihnen. Schöne Sitze wären auch ein Hit. Nun muss ich aber aufhören. Vilen Dank. Enzo

Auch wenn sich Enzo einer schnellen Datenübertragung bedient, sollte er sich für den Text mehr Zeit nehmen. Falls der flotte Bursche Glück hat, schreibt ihm der Herr oder die Dame vom Kino-Center zurück, um eine ganze Menge Fragen zu stellen.

167 ÜBUNG

Überlege folgende Fragen zu diesem Mail:

Welche wichtigen Informationen fehlen? Was sagst du zu den beiden Verben (reservieren, bestellen), die Enzo in den ersten beiden Sätzen verwendet? Welche Aussage kann eingespart werden? Was wird der Sender mit den „schönen Sitzen" gemeint haben? Und drei Rechtschreibfehler sind auch noch passiert. Bitte suchen und ausbessern!

TIPP

Ein Mail schreiben und hinaus damit ins www (**worldwideweb** = weltweites Netz).

Ein echter Mailprofi bist du allerdings erst dann, wenn du dein Produkt noch einmal durchcheckst, bevor es auf die 3-Sekunden-Reise zischt. Sei ehrlich! Zum Tippen brauchst du sicher länger als zum Durchlesen. Und wenn du ein Mail bekommst, möchtest du, dass für dich alles klar ist. Und zwar sofort. Sendest du ein E-Mail an öffentliche Stellen wie Kino, Schule, Bücherei, Buchhandlung, Versandhaus oder an wildfremde Erwachsene, kommt auf dich ein bisschen mehr Arbeit zu als beim Mailen an Freunde und Freundinnen. Da heißt es dann schon: überlegen, Mitteilungen ordnen, nichts Wichtiges vergessen, nichts Selbstverständliches schreiben, die verwendeten Ausdrücke überprüfen und das Ganze mindestens einmal langsam oder zweimal mittelschnell durchlesen.

168 ÜBUNG

Zurück zu Enzo und seinem E-Mail ans Super-Kino-Center.

Da du nun den Durchblick hast, verfasse für den Burschen ein gelungenes E-Mail mit gleichem Inhalt an die oben genannte Adresse. Wenn du wie Enzo einen Computer besitzt, der alles kann, wirst du das Mail tippen. Eigentlich logisch. Auch für die folgenden Übungen gilt: ins Heft schreiben oder auf die Tastatur klopfen. Abschicken wäre eine nicht so gute Idee. Die Adressen stammen von Ex-Direktor Fies. Und bei dem sollte man mehr als vorsichtig sein.

169 ÜBUNG

**Im folgenden Mail fehlen keine Informationen. Trotzdem ist einiges nicht so gelaufen, wie es sein sollte.
Bitte beim Aufdecken mithelfen.**

From: Emmy@1. Klasse
To: XXX–Kino–Welt@aon.com
Betreff: Geburtstagsparty und Führung

Hi, Leute! Ich möchte 8 Karten für eine Geburtstagsparty plus Film und Führung durch die XXX-Kino-Welt bestellen. Den Film „Jonny English" möchten wir uns reinziehen. Am 21. 04. 2004 um 15. 30 Uhr in der letzten Reihe, wenn das geht. Das Geburtstagskind heißt Annelie und wird 11 Jahre alt. Es soll eine Überraschungsparty für sie werden. Also ran an die Tasten, ihr Schnecken!
Was kostet der Spaß? MABA   WASA   Emmy

Was sagst du zur Anrede, zum Schlusssatz und insgesamt zum lockeren Ton in Emmys Mail? Bist du mit dem Aufbau der Nachricht einverstanden? Wenn ja, schau nochmals hin. Wenn nein, warum nicht? Auch mit der Ausdrucksweise wirst du nicht ganz zufrieden sein. Was sagst du zur Aussage „wenn das geht"? Das könnte eine Stilfrage sein.

170 ÜBUNG

Wenn du zufällig Zeit hast, ersuchen wir dich, Emmys Mail zu retten. Überdenke nochmals die Schwachstellen und schon kannst du dir das nächste Plus verdienen.

From: Ex-Direktor Fies@stwa.at
To: Jokerland@aon.com

Mir reicht's. In eurem Geschäft muss ein Chaos herrschen wie nach dem Urknall. Drei endlos lange Wochen musste ich auf das Star-Wars-Legoset warten. Eine bodenlose Gemeinheit! Bei euch arbeiten offensichtlich nur Flaschen und Schlafwandler. Und das möchte ich euch auch noch in die Ohren knallen: Ihr seid Ausbeuter der fiesesten Sorte! Dasselbe Spiel habe ich in einem anderen Laden um 2,50 Euro billiger erblickt. Die Katalogseite ist angehängt. Das nennt man Attachment. Da staunt ihr aber, was der kluge Ex-Direktor alles weiß. Meldet euch sofort bei mir. Sonst werdet ihr mich kennen lernen.

Keine Frage! Der Ex-Direktor ist verständlicherweise verärgert. Das berechtigt ihn aber in keiner Weise, so ungehobelt und aufgebracht zu sein und die Angestellten verächtlich mit „du" anzureden. Sich so aufzuregen, schadet außerdem der Gesundheit. Dem Ex-Direktor sollte einmal jemand klar machen, dass es absolut taktlos ist, jemanden zu kränken und Drohungen auszuposaunen.

171 ÜBUNG

Mit Sicherheit bist du unserer Meinung und du brennst darauf, ein E-Mail zu schreiben, das bestimmt, aber höflich sagt, was Sache ist. Also, ran ans Werk!

TIPP

Auch wenn E-Mails meistens schnell wieder gelöscht werden, sollst du beim Verfassen einer elektronischen Nachricht höflich und sachlich bleiben. Auch auf diese Weise kannst du dich über etwas oder über jemanden beschweren.

Unverkrampft, locker und entspannt sein. Das passt zum Mailen. Ganz egal, an wen du schreibst.
Wichtig ist, dass du weißt, was du mit deinem Mail erreichen willst. Gibst du Informationen oder willst du selbst informiert werden? Oder möchtest du dich einfach nur unterhalten? Dich selbst und den Partner am anderen Ende des Kabels hoffentlich auch. In diesem Sinne könnte ein E-Mail an die „Netkids" in deinem Freundeskreis so lauten:
Übrigens! Netkids sind Kinder, die sich mit Computern auskennen und im weltweiten Netz herumschwirren. :-o

From: anna_mi@abc.at
To: netkids_@xyz.de

Hi, ihr lahmen Enten! Was ist los mit euch? Hat euch der Osterhase den Computer versteckt oder seid ihr in Alaska festgefroren? Ich weiß auch nicht, was los ist mit mir. Seit gestern habe ich nichts von euch vernommen. Eure Mails, auf die jeder normale Mensch verzichten kann, gehen mir richtig ab. Ich muss verrückt sein. Bei dem Umgang, den ich habe, kein Wunder. Also! Setzt euch vor die Maschine, wenn ihr einer schrecklichen Strafe entgehen wollt. Trotzdem: STN und GA eure künftigen Schwiegermütter

CU Anna

Zum Abschluss dieses flotten Kapitels liefern wir ein E-Mail für Leute, die entspannt bleiben, auch wenn merkwürdige Abkürzungen die Stimmung anheizen.

From: julia_ b@aon.at
To: lisa_grube@aon.at
Hi Lisa!
Was machen wir nach der Hip-Hop-Quälerei? ZUMIOZUDI?
Wie war der Englisch-Test? ;-)
OMG. Fast hätte ich es verschwitzt! HEGL zum Geburtstag deines Zwerghamsters. Ich komme zur Party von Dipsy leider 30MISPÄ, weil ich noch einen Brief an Theresa schreibe. Sie ist meine Brieffreundin aus Luxemburg und ich muss mich mit dem Briefschreiben beeilen, denn Theresa bekommt nächste Woche einen Computer. Hat jemand das Wort Mailfreundin schon erfunden?
:-D
RUMIAN oder MAMIMA HDL Deine Julia
BB und N 8

PS:
Ich finde Mailen cool und Briefe schreiben groovy. Aus diesem Grund werde ich in Zukunft beides tun.

Damit das Mailen schneller geht, gibt es viele Abkürzungen. Im Lösungsheft findest du die Übersetzung dazu.

15. KAPITEL

Märchen

mailto:miss.minus@1.Klasse

Achtung, Achtung! Ich habe gehört, dass Sie Enzo & Emmy mit Märchen von Schneewittchen und den 7 Zwergen, Frau Holle und Zauberer Merlin unterhalten wollen. Aktion unbedingt abbrechen! Schneewittchen & Co: Das war einmal. Wenn schon Winzlinge – dann Hobbits, wenn Frau – dann Queen Amidala, und wenn Zauberer – dann lieber gleich Harry Potter!
Anfrage: Sie wissen doch, was Hobbits sind?

Ungeduldigst, Ihr Ex-Direktor Fies ☹

mailto:exdirex.fies@out.com

Hobbits? Klingt wie etwas, das Spaß macht. Haben Hobbits etwas mit Zirkus zu tun? Sind Hobbits vielleicht ... Clowns? Ich wette, es sind Clowns. Aber mit fremden Kindern in den Zirkus zu gehen? Stellen Sie sich vor, die erwischen mich beim Lachen ... fort ist meine letzte Autorität.

Hochachtungsvoll, Ihre mm

ERKLÄRUNG

Was ist ein Märchen?

Schon bei den Ägyptern, den Indern, den Griechen, in der Bibel und bei anderen Völkern wurden Märchen erzählt. Ursprünglich waren sie für Erwachsene bestimmt. Märchen erzählen von Freude und Zufriedenheit, von großen Plänen und unerfüllten Wünschen, von Ängsten und Sorgen. Sie kritisieren aber auch die herrschenden Zustände der damaligen Zeit; die Herrschsucht der Könige, die Armut, die Not der Menschen.
Es gab damals wenige Menschen, die über Geld, Macht und Besitz verfügten. Die Mehrheit allerdings hatte kaum Hoffnung auf ein unbeschwertes Leben in Glanz und Seide. Ihre Wirklichkeit war traurig und grau. Wie schön war im Vergleich dazu die bunte Welt der Märchen. Dort heiraten Prinzen arme Mädchen und Vater König und Mutter Königin sind begeistert. Muntere Burschen, die nichts besitzen als Nadel, Faden, Schere und gute Ideen, erben ein halbes Königreich. Und die Königstocher hat nur auf sie gewartet.

Andererseits sind in vielen Märchen Kinder besonders arm. In früheren Zeiten gab es fast in jeder Familie eine große Kinderschar und die Eltern wussten nicht, wie sie ihre Kinder ernähren und bekleiden sollten.
Zunächst wurden die Märchen mündlich überliefert. Die Menschen erzählten sich die Geschichten weiter – in den Spinnstuben, in den Lagern der Soldaten oder auf den Schiffen.

Im Orient war der Märchenerzähler ein sehr angesehener Beruf. Du hättest ihm sicher gerne zugehört, wenn er eine Geschichte aus der Märchensammlung „1001 Nacht" vortrug. Den Beruf des Märchenerzählers gibt es seit einigen Jahren auch in unserem Land. Wäre das etwas für dich?

Die Brüder Grimm schrieben in Deutschland erst am Anfang des 19. Jahrhunderts Märchen auf, die sie gesammelt hatten. Heute gibt es Märchensammlungen aller Völker, und Dichter haben zu allen Zeiten auch Märchen geschrieben:
Wilhelm Hauff: Die Geschichte des Kalifen Storch, Zwerg Nase
Hans Christian Andersen: Des Kaisers neue Kleider, Die Schneekönigin

TIPP

Lass dir von deiner Oma wieder einmal eine Geschichte aus dem alten Märchenbuch vorlesen! Erzählen wär' noch schöner!

ERKLÄRUNG

Zwei Märchen zum Einstimmen

Text 1: Bertolt Brecht (1898–1956)

Märchen

Es war einmal ein Prinz, weit drüben im Märchenlande. Weil der nur ein Träumer war, liebte er es sehr, auf einer Wiese nahe dem Schlosse zu liegen und träumend in den blauen Himmel zu starren. Denn auf dieser Wiese blühten die Blumen größer und schöner wie sonstwo. Und der Prinz träumte von weißen, weißen Schlössern mit hohen Spiegelfenstern und leuchtenden Söllern. Es geschah aber, dass der alte König starb. Nun wurde der Prinz sein Nachfolger. Und der neue König stand nun oft auf den Söllern von weißen, weißen Schlössern mit hohen Spiegelfenstern. Und träumte von einer kleinen Wiese, wo die Blumen größer und schöner blühten denn sonstwo.*

*(Aus: Bertolt Brecht: Märchen. Aus: Gesammelte Werke, Prosa I, Band 11, Suhrkamp, Frankfurt/Main 1967) *Söller: eine Art Balkon*

172 ÜBUNG

Bertolt Brecht erzählt uns ein Märchen von einem Prinzen, der von weißen Schlössern mit hohen Spiegelfenstern träumt. Als König besitzt er diese weißen Schlösser und nun malt er sich in seiner Fantasie eine kleine Wiese mit wunderschönen Blumen aus.
Verstehst du, was uns der Dichter damit sagen möchte?
Welche Märchen sind im folgenden Märchenpuzzle versteckt?

Text 2: Konstantin (10 Jahre)

Ein Märchenpuzzle

Hinter den sieben Bergen plaudern zauberhafte Prinzessinnen, krächzen unheimliche Raben und verlieben sich fesche Prinzen Hals über Kopf.
Am frühen Morgen genießen blondgelockte Meerjungfrauen am Ufer des glitzernden Sees sagenhaft süße Himbeeren und der Kater plagt sich beim Putzen seiner Stiefel. Zu später Stunde ertönt auf der Burg des Riesen das Horn. Da erschrickt das langhaarige Mädchen in seinem Turm im Wald.
Die Tochter des Müllers, die in ihrem stillen Kämmerlein spinnt, hat große Sehnsucht nach dem tapferen Junker und noch größere Angst vor Zwergen mit langen Nasen. Ungeduldig erwartet die Edelfrau um Mitternacht im Schlosspark ihren geliebten Ritter, der sich hinter den Rosenbüschen versteckt hat.*

**Junker: altes Wort für einen jungen Mann*

...PAUSE!!

ERKLÄRUNG

Auf der Suche nach dem Märchenwortschatz

Wo spielt das Märchen? So lautet die erste Frage!
„Folge mir an diesen Ort!“, sprach der Zauberer mit ernster Miene.

173 ÜBUNG

In seinem Märchenpuzzle hat Konstantin einige Märchenorte „versteckt“. Schreibe diese Orte heraus. Sieben solltest du entdecken. Die Frage nach dem Ort lautet: „Wo geschieht etwas?“

Orte sind im Reich der Märchen ganz wichtig. Der Leser will ganz genau wissen, wo er den spitzbübischen Trollen, dem armen Holzfäller, dem kinderliebenden Drachen Kunibert und den fleißigen sieben Zwergen begegnet. Wer Märchen liest, kommt zu einer einsamen Mühle im finstern Wald und zum stattlichen Haus eines reichen Kaufmanns.

174 ÜBUNG

Wir führen dich an verschiedenste Orte im Märchenland. Stelle sie dir ganz genau vor und schmücke sie mit märchenhaft schönen Adjektiven (Eigenschaftswörtern). Achte darauf, dass die Nomen und die Adjektive zusammenpassen.

Beispiel: ~~mächtige Schloss~~, kann nicht stimmen; „mächtige Burg“ passt zusammen! Richtig ist: prachtvolles Schloss.

Nomen:
Burg, Palast, Hütte, Eiche (= Baum), Kammer, Dorf, Schlucht, Schloss, Hexenhaus, Zauberwald, Höhle eines Greifs (= ein Tier mit dem Kopf eines Adlers und dem Körper eines Löwen), See, Brunnen, Wasserfall, Quelle, Häuschen.

Adjektive:
morsche, spiegelglatter, einsames, armselige, enge, mächtige, tiefer, knuspriges, uralte, gläserner, kristallklare, winziges, tosender, prachtvolles, düstere, geheimnisvoller

Im Text von Brecht ist von einem Schloss**e** die Rede. Bei Konstantin lesen wir von einem Schloss und von einer Burg. „Von einem Schlosse“ klingt altertümlicher als „von einem Schloss“! Könige und Ritter wohnten einst in Burgen. Manche Burgen verfielen zu Ruinen. Manche wurden in prachtvolle Schlösser umgewandelt.

...PAUSE!

Wer spielt mit? Das ist die zweite Frage!

„Ich begleite dich!", flüsterte die zarte Elfe und ihre schimmernden Flügel glänzten im Abendlicht.

In der Märchenwelt treffen wir nicht nur hilfsbereite Elfen. Auch geizige Riesen sowie brave und hinterlistige Zwerge gehören dazu.

Das Adjektiv (Eigenschaftswort) verrät, ob die Märchenfigur zu den Guten oder zu den Bösen gehört. Das siehst du auch bei den durcheinander gewürfelten Beispielen ein Stückchen weiter unten.

175 ÜBUNG

Trage in einem Heft auf der linken Seite die Guten und auf der rechten Seite die Bösen ein.

Vorsicht: Inhaltlich passen die zwei Wörter zusammen, doch in der grammatischen Form ist bei jedem Beispiel ein Fehler passiert. Bitte verbessern!

Beispiel: *wunderlich Riese* ▶ *falsch* / *wunderlicher Riese* ▶ *richtig*

1. lieblich Fee
2. leichtsinnig Spitzbube
3. gastfreundlich Wirtsleute
4. hartherzig Königin
5. eifrig Geselle
6. gefährlich Einhorn
7. klug Fuchs
8. neidig Gnom
9. hochmütig Stiefmutter
10. fleißig Zwerg
11. herzig Bübchen
12. hochmütig Schwan
13. emsig Jungfer (= Jungfrau)
14. grimmig Donaufürst
15. faul Junker (= junger Mann)
16. strebsam Zauberlehrling
17. bösartig Hufschmied
18. unberechenbar Räuberhauptmann
19. freundlich Weib
20. gefräßig Wolf
21. arbeitsam Knecht
22. gierig Dienstbote
23. süß Mägdelein (= Mädchen)
24. winzig Geißlein

Eine 1. Klasse schreibt Märchen, und weil es ein Märchen mit einer Prinzessin sein soll, will die Frau Lehrerin wissen, wie sich die Kinder eine Prinzessin vorstellen.

Kurti zeigt sofort auf und sagt begeistert: „Sie hat ein hübsches, weißes Gesicht, blaue Augen, eine kleine, runde Nase, lange, helle Haare, ein schönes Gewand und eine wertvolle Perlenkette. Alles ist aus Seide und Samt und Glas. Seidige Haut besitzt sie auch noch und einen lächelnden Mund. Auf ihrem Kopf sitzt eine Krone."

„Tüchtig!", lobt die Frau Lehrerin und ersucht Kurti seine Einfälle zu ordnen und dann in ganzen Sätzen aufzuschreiben. „Gestalte die Beschreibung ein bisschen ausführlicher", ergänzt sie noch. „Und gib der schönen Dame einen Namen."

176 ÜBUNG

Bediene dich in Kurtis Ideensammlung und verfasse eine Beschreibung, die so ist, wie es sich die Frau Lehrerin gewünscht hat. „Alles ist aus Seide, Samt und Glas". Das ist ein schöner Satz von Kurti. Was könnte er gemeint haben?

ERKLÄRUNG

Die Sprache im Märchen

Von einem Reichtum anderer Art ist im folgenden Märchen zu lesen.

Brüder Grimm

Das arme Mädchen

Es war einmal ein armes Mägdelein, dem waren der Vater und die Mutter gestorben, es hatte keine Unterkunft mehr, in der es wohnen, und keine Liegestatt mehr, auf der es schlafen konnte, und nichts mehr auf der Welt, als die Kleider, die es auf dem Leibe trug, und ein Stück Brod im Ranzen, das ihm ein Mitleidiger geschenkt hatte; es war aber gar fromm und gut.

Da ging es hinaus, und unterwegs begegnete ihm ein armer Junker, der bat so sehr um etwas zu essen, da gab es ihm das Stück Brod.

Da fielen auf einmal die Sterne vom Himmel und waren lauter harte, blanke Thaler. Da sammelte es die Thaler ein und ward reich für sein Lebtag.

(gekürzte Fassung)

177 ÜBUNG

Unterstreiche die Ausdrücke grün, die heute ungewöhnlich sind.

178 ÜBUNG

In Märchen kommen oft lange Sätze vor, die auch anders gebaut sind als heute. Der erste Satz im Märchen von den Brüdern Grimm umfasst fünf Zeilen. Zerlege diesen „Märchensatz" in drei Sätze. Hole den letzten Satz der 5. Zeile an den Anfang des Textes. Verändere die „alte Sprache" nicht.

...PAUSE!

179

ÜBUNG

Nicht nur die Sprache, auch die Rechtschreibung ist heute anders als früher. Zwei Nomen im Märchen „Das arme Mädchen" solltest du heute anders schreiben. Welche?

Auch die Brüder Mike und Jack (11 Jahre alt) schreiben Märchen. Ohne Prinzessinnen allerdings und ganz anders als früher.
Eine Kostprobe gefällig? So beginnen sie ihre Geschichte:
Einmal checkte eine altersschwache Notstandshilfeempfängerin einen ungepflegten Pelzträger, der sich an ihre Bruchbude anpirschen wollte. „Hau ab, du Blödian!", brüllte sie, dass er fast einen Gehörsturz bekam. „Dein Typ ist hier überhaupt nicht gefragt. Verzupf dich heim in deine verschlampte Absteige!"

180

ÜBUNG

Schreibe den Textanfang um und verwende die „schöne, alte" Märchensprache.

ERKLÄRUNG

Ein Märchen fortsetzen

Der Beginn einer Geschichte regt zum Weiterschreiben an!
Eine erste Klasse führte ein Märchenprojekt durch. Alle Schülerinnen und Schüler schreiben gemeinsam ein Märchenbuch. Es werden Zweiergruppen gebildet und jede Gruppe verfasst ein Kapitel für ein 24-Tage-Märchen.
Der Titel des Märchenbuches lautet: *Als Prinz Albert das Lachen erlernte*

Lies das 1. Kapitel und stimme dich in die Geschichte ein.

Wir schreiben das Jahr 1333 und wir besuchen das prachtvolle Schloss Trautenfels mit den vielen hübschen Erkern und den noch hübscheren Türmchen. Es lag im Land Moncordia, mitten in einem traumhaft schönen Park mit einem riesigen Springbrunnen. Die seltensten Pflanzen und Kräuter aus aller Welt wuchsen dort. Drei Balkone wölbten sich nach Südwesten und von diesen Balkonen aus hatten die Bewohner die beste Aussicht. Große Schafherden waren zu sehen und die weitesten Wälder, in denen die Jäger ihr Glück versuchten. Das Gebirge im Westen ragte in den Himmel und prächtige Äcker in allen Himmelsrichtungen sorgten für reiche Ernte.
Im Lande Moncordia regierte König Gunter mit seiner Gemahlin Anna Rosa. Ihr Sohn Albert war 17 Jahre alt. Er wohnte im höchsten Turm und von den 49 Dienern kümmerten sich 19 nur um ihn. Die brauchte er auch. Einen zum

Aufwecken, einen zum Anziehen und einen zum Märchenerzählen. Der achtzehnte sang ihn in den Schlaf und der neunzehnte teilte ihm mit, ob es regnete oder ob die Sonne vom Himmel lachte.
Albert hatte ozeantürkise Augen und sein eichkätzchenbraunes Haar trug er zu einem Schwänzchen gebunden. Er sah damit atemberaubend aus. So wunderhübsch der Prinz auch war, so traurig war er. Ihn quälte die Langeweile. Tag für Tag. Seine Eltern hatten alles versucht ihn aufzuheitern. Ohne Erfolg. So ließen König Gunter und seine Gemahlin Anna Rosa den Hofnarren Erasmus rufen. Dieses kleine Männchen mit den funkelnden Augen und dem Schalk im Nacken hatte bisher jeden zum Lachen gebracht und jedem die Schwermut vertrieben. Ständig hatte der Bursche tausend Scherze und noch mehr Späße im Kopf. Nur bei Prinz Albert war es ihm nicht einmal gelungen, das kleinste Lächeln auf seine Lippen zu zaubern. Wenn Erasmus nicht so ein fröhlicher Geselle gewesen wäre, hätte er seinen Beruf aufgegeben.
(Julia und Anna, 11 Jahre)

181 ÜBUNG

Verfasse nun das 2. Kapitel des Märchenbuches. Lies das 1. Kapitel nochmals aufmerksam durch und setze fort.
Baue in deine Fortsetzung folgende Erzählelemente ein: Beschreibung des Hofnarren. Er wird beauftragt ein dreitägiges Fest zu veranstalten. Einladungen werden in das gesamte Reich verschickt. Alle kommen: Akrobaten, tanzende Bären und Gaukler. Turnier, Feuerwerk, Kutschenrennen, Musikdarbietungen und fliegende Tauben stehen auf dem Programm. Dein Kapitel endet damit, dass sich die Stimmungslage des Prinzen nicht bessert. Er bleibt traurig und gelangweilt.

Du möchtest bestimmt wissen, wie das Märchen weitergeht.
Die Schülerinnen und Schüler der 1. Klasse sind noch beim Schreiben. Wir können dir nur so viel verraten: Da Doktor Gundalf der weiseste Mann im Lande Moncordia ist, erhoffen sich die Schlossbewohner einen Rat von ihm, wie dem Prinzen, der keine Freude am Leben findet, zu helfen ist.
„Prinz Albert muss hinaus in die Welt. Er muss Armut, Kälte, Sorgen, Angst, aber auch Freundschaft, Verantwortung und Liebe erleben", ordnet der Wunderdoktor an. Schweren Herzens nehmen alle Schlossbewohner vom Prinzen mit dem leeren Herzen Abschied.
Eine schöne Geschichte! Stimmt's?

ERKLÄRUNG

Ein Märchen modernisieren

Es war einmal eine Frau, die Kunigunde Stiefler hieß und total von ihrer Singstimme überzeugt war. In Wirklichkeit krächzte sie bei jedem Ton, doch das wagte ihr keiner zu sagen. Da sie nur zu singen aufhörte, wenn alle ihren Gesang lobten, vernahm sie nur: „Kunigunde, du singst am schönsten im ganzen Land."

Die Tochter aus der ersten Ehe ihres Mannes gefiel ihr gar nicht. Nicht weil sie so hässlich war. Nein, ganz im Gegenteil. Das Mädchen, das Witta Weiß hieß, hatte eine Hautfarbe so weiß wie Schneehasen, Haare so hellbraun wie der Sand am Strand von Malibu und Lippen so rot wie ein Ferrari. Außerdem hatte sie eine wunderschöne Stimme, und wenn sie sang, hörte sogar die Nachtigall zu. Und das passte der Stiefmutter ganz und gar nicht. Sie wollte die berühmteste Volksmusiksängerin weltweit werden. Nur sie! Wittas Vater, der vierte Ehemann von Frau Stiefler, war beruflich derart überlastet, dass er sich um gar nichts anderes kümmern konnte.

Eines Tages ließ Frau Stiefler ein Taxi rufen und befahl dem Fahrer, die Tochter ihres Mannes, der nie zu Hause war, in eine weit entfernte, ihr vollkommen fremde Stadt zu bringen. Und er sollte ihr deutlich machen, dass sie zu Hause unerwünscht sei.

182 ÜBUNG

Um welches Märchen handelt es sich?

183 ÜBUNG

Setze die modernisierte Fassung dieses alten Märchens fort.
Das Mädchen zieht mit 7 Freunden in eine Wohngemeinschaft in der fremden Stadt. Sie gründen eine Band und gehen auf Tournee durch das Märchenland. Der Erfolg ist überwältigend. Am Schluss: Versöhnung mit Frau Stiefler.

184 ÜBUNG

Ein **Märchenrätsel** zur Entspannung! Im Lösungsheft findest du ein Märchenrätsel. Wenn du Lust hast: lesen und lösen! Welches Märchen wurde in die Gegenwart geholt?

„Nicht genügend" – Was tun? Aus dem Schulrecht
Infos für Eltern und SchülerInnen

BENOTUNG

Bei der Festsetzung einer Note muss der Lehrer alle im Laufe des Schuljahres erbrachten mündlichen und schriftlichen Leistungen berücksichtigen. Nur die Ergebnisse der Schularbeiten heranzuziehen ist unzulässig.

„Sehr gut" und **„Gut"**: Der Schüler hat über das Wesentliche („Gut") bzw. weit über das Wesentliche („Sehr gut") hinaus Leistungen erbracht.

„Befriedigend": Der Schüler hat den Anforderungen in den wesentlichen Bereichen entsprochen.

„Genügend": Der Schüler weist in den wesentlichen Bereichen Lücken auf. Er hat den Anforderungen nur überwiegend entsprochen.

„Nicht genügend": Der Schüler hat die Anforderungen nicht einmal in den wesentlichen Bereichen überwiegend erfüllt.

Was sind die so genannten „wesentlichen Bereiche"? Der Lehrer hat diese im Laufe des Unterrichtsjahres selbst zu definieren. Es ist jedenfalls nicht zulässig, erst nach einer Prüfung zu sagen, was wesentlich und was unwesentlich gewesen wäre.

MÜNDLICHE PRÜFUNG

- Ankündigung durch den Lehrer mindestens 2 Unterrichtstage vorher
- Dauer: Unterstufe max. 10 Minuten; Oberstufe max. 15 Minuten
- Mindestens 2 voneinander unabhängige Fragen
- Auf Fehler ist sofort hinzuweisen
- Verbot der Durchführung
  - wenn am gleichen Tag bereits eine Schularbeit oder 2 mündliche Prüfungen angesetzt sind
  - am Tag nach 3 oder mehr schulfreien Tagen oder
  - nach mehrtägigen Schulveranstaltungen
- Die Note muss noch in der selben Stunde bekannt gegeben werden

WUNSCHPRÜFUNG

Jeder Schüler hat ein Recht auf eine Prüfung pro Semester. Die Anmeldung zur Prüfung hat so zeitgerecht zu erfolgen, dass die Durchführung der Prüfung möglich ist.

SCHULARBEITEN

- Bekanntgabe der Schularbeitstermine im ersten Semester innerhalb der ersten 4 Wochen, im zweiten Semester innerhalb der ersten beiden Wochen
- Bekanntgabe des Stoffes mindestens 1 Woche vorher
- der Lehrstoff der letzten beiden Unterrichtsstunden darf nicht geprüft werden
- Verbot der Durchführung
  - am Tag nach 3 oder mehr schulfreien Tagen oder nach mehrtägigen Schulveranstaltungen
  - wenn am gleichen Tag mehr als eine Schularbeit stattfinden würde

- wenn innerhalb einer Woche (nicht Kalenderwoche, sondern insgesamt 8 Tage) mehr als 2 (in BHS mehr als 3) Schularbeiten stattfinden würden
- Schularbeiten ab der 5. Unterrichtsstunde (gilt nicht für BHS)

- Rückgabe spätestens nach einer Woche

- Wegen vorgetäuschter Leistungen ungültige Schularbeiten gelten als versäumt

NACHSCHULARBEITEN

Sie müssen stattfinden

- Für einzelne Schüler, die mehr als die Hälfte der Schularbeiten im Semester versäumen

- Für alle Schüler, wenn mehr als die Hälfte der Arbeiten mit „Nicht Genügend" beurteilt wurde

- Der Stoff muss gleich bleiben, aber mit neuen Aufgaben

- Sie muss innerhalb von 2 Wochen nach der Rückgabe erfolgen

- Nur die bessere der beiden Noten zählt

FRÜHWARNSYSTEM

Wenn die Leistungen des Schülers auf Grund der bisher erbrachten Leistungen in einem Pflichtgegenstand zum Ende des 1. oder des 2. Semesters mit „Nicht genügend" zu beurteilen wären, ist dies den Erziehungsberechtigten unverzüglich mitzuteilen und dem Schüler sowie den Erziehungsberechtigten vom Klassenvorstand oder vom unterrichtenden Lehrer Gelegenheit zu einem beratenden Gespräch zu geben. Bei diesem Gespräch soll ein individuelles Förderkonzept erstellt werden. Dabei sollen beachtet werden:

- Lerndefizite
- Fördermöglichkeiten
- Leistungsnachweis
- Individuelles Förderprofil

Achtung: Auch wenn eine Frühwarnung ausbleibt, kann der Schüler noch immer mit „Nicht genügend" beurteilt werden.

AUFSTEIGEN MIT EINEM „NICHT GENÜGEND"

Grundsätzlich sind Schüler mit einem „Nicht genügend" nicht zum Aufsteigen in die nächste Klasse berechtigt. Ganz im Sinn seiner pädagogischen Ausrichtung sieht das Schulunterrichtsgesetz jedoch eine wichtige Ausnahme vor. Hat der Schüler nicht bereits im vorigen Schuljahr im gleichen Gegenstand ein „Nicht genügend" und ist dieses Fach weiter im Lehrplan vorgesehen, kann die Klassenkonferenz, in der alle Lehrer vertreten sind, die in der Klasse unterrichten, beschließen den Schüler aufsteigen zu lassen. Voraussetzung für eine positive Entscheidung ist, dass die Leistungen in allen anderen Fächern so gut sind, dass der Schüler aller Voraussicht nach im kommenden Jahr erfolgreich am Unterricht teilnehmen kann. Der Gesetzgeber geht davon aus, dass die Leistungsreserven eines Schülers begrenzt sind. Die Klassenlehrer müssen gemeinsam eine Prognose abgeben, ob ein Schüler die Lücken in einem mit „Nicht genügend" beurteilten Gegenstand bei fortschreitendem Unterricht im folgenden Schuljahr angesichts der Situation in den anderen Fächern wird aufholen können.

BERUFUNG

Berufen kann man nicht gegen einzelne Noten, sondern nur gegen den so genannten „Bescheid zum Nicht-Aufstieg". Aussichten für eine erfolgreiche Berufung sind dann gegeben, wenn Eltern darlegen können, dass sachfremde Gründe, zB disziplinäre Schwierigkeiten, bei der Benotung eine Rolle gespielt haben, die geforderten Kenntnisse aber sehr wohl vorhanden sind.
Gegen den „Bescheid zum Nicht-Aufsteigen" könnte erfolgreich eingewendet werden, dass

- außergewöhnliche Belastungen des Kindes nicht berücksichtigt wurden, besonders, wenn gegen Ende des Schuljahres wieder eine steigende Tendenz erkennbar war;

- die fehlenden Kenntnisse im folgenden Jahr keine Rolle mehr spielen oder nicht grundlegend für das Verständnis des Lehrstoffs im kommenden Schuljahr sein werden.

Nicht erfolgreich sind meistens Berufungen, die sich auf einen Notenvergleich mit anderen Schülern beziehen.
Die Berufung (unbedingt mit Datum!) ist bei der Schule formlos einzubringen. In ihr wird zum Ausdruck gebracht, dass man gegen die Nichtberechtigung zum Aufsteigen in die nächste Klasse beruft und das „Nicht genügend" und/oder den Beschluss der Klassenkonferenz nicht für gerechtfertigt hält. Der Direktor ist verpflichtet sie an den zuständigen Landesschulrat weiterzuleiten. Die Berufung ist innerhalb von 5 Tagen nach mündlicher oder schriftlicher Zustellung des „Bescheides zum Nicht-Aufsteigen" möglich.
Der Landesschulrat überprüft anhand der Aufzeichnungen der Lehrkraft, ob die Note gerechtfertigt ist, und entscheidet danach über die Berufung. Reichen die vorgelegten Unterlagen nicht aus, kann der Landesschulrat eine kommissionelle Prüfung ansetzen. Der gesamte Jahresstoff kann Gegenstand einer solchen Prüfung sein.

WIEDERHOLUNGSPRÜFUNG

Eine Wiederholungsprüfung darf der Schüler in einem oder zwei Pflichtgegenständen ablegen, wenn er im Jahreszeugnis ein „Nicht genügend" hat. Wenn der Schüler mit einem „Nicht genügend" zum Aufsteigen berechtigt ist, darf er dennoch zur Wiederholungsprüfung antreten. Schafft er diese nicht, darf er dennoch aufsteigen.
Die Prüfung besteht aus einer schriftlichen und mündlichen Prüfung (mit Beisitzer) und umfasst den Jahresstoff. Die neu festzusetzende Jahresbeurteilung kann höchstens „Befriedigend" lauten.

DURCH STARTEN DEUTSCH

FÜR DIE 5. SCHULSTUFE
LEHRPLAN 1. KLASSE HS/AHS

**VerfasserInnen: Franz Fischer,
Anna Elisabeth Mittmannsgruber, Gottfried Neubauer,
Johann Waser**

Diesem Buch ist ein Lösungsheft zu den Übungen beigelegt.

Bibliografische Information der Deutschen Bibliothek
Die Deutsche Bibliothek verzeichnet diese Publikation in der Deutschen Nationalbibliografie; detaillierte bibliografische Daten sind im Internet über http://dnb.ddb.de abrufbar.

3. Auflage 2008
ISBN 978-3-7058-6451-1

Lektorat: Klaus Kopinitsch
Einleitende Texte: Niki Glattauer
Grafische Gestaltung: Gottfried Moritz
Illustrationen: Helmut „Dino" Breneis
Layout und Satz: Leopold Weiss
Herstellung: Ingrid Zuckerstätter
Druck, Bindung: LDVM Landesverlag-Denkmayr, Linz

Gedruckt in Österreich auf umweltfreundlich hergestelltem Papier

Inhalt